블록체인 경제의 미래

새로운 미래를 보다
WEB3.0

블록체인 경제의 미래
탈중앙화가 바꾸는 자본과 사회

The Future of the Blockchain Economy
Decentralization Transforming Capital and Society

현용수 지음

행복한 마음

■ 프롤로그

새로운 신뢰의 길 위에서

우리는 오래도록 중앙에 의지해 살아왔습니다. 은행은 우리의 돈을 지켜주고, 정부는 제도를 보장하며, 기업은 기술을 제공하였습니다. 우리는 그들의 권위와 약속을 신뢰했습니다. 그러나 그 신뢰는 때로 깨지고, 불평등과 독점의 얼굴을 드러내고 있습니다.

2008년, 익명의 이름 '사토시 나카모토'가 남긴 짧은 선언은 그 오래된 신뢰의 구조에 문제가 있음을 말해주었습니다.

그 후, 그는 우리에게 물었습니다.

"왜 반드시 중앙이 필요한가?"

"왜 모든 게 중앙으로만 모여야 하는가?"

그 질문은 블록체인이라는 새로운 문명의 발명을 예고한 것입니다. 사람이 아닌 코드에, 기관이 아닌 네트

워크에, 권력이 아닌 합의에 신뢰를 맡기는 새로운 질서. 그것은 기술이면서 동시에 철학이었고, 작은 혁명이면서도 거대한 물음이었습니다.

이 책은 그 물음을 따라갑니다.

우리는 먼저, 블록체인의 기원을 살펴봅니다. 신뢰의 역사 속에서, 블록체인이 어떻게 등장했는지를 탐구합니다. 이어서 돈의 얼굴이 어떻게 바뀌었는지, 코인과 토큰, NFT가 어떻게 새로운 가치를 만들어내는지를 살펴봅니다.

그리고 블록체인이 산업을 어떻게 만들어 가는지 확인합니다. 금융과 유통에서, 문화와 교육에서, 심지어 의료와 환경, 행정의 영역에서까지, 블록체인은 투명한 장부와 참여의 경제를 확장시킵니다. 자본의 구조 또한 바뀌고 있습니다. 전통 자본주의가 남긴 불평등과 독점의 틀을 넘어, 블록체인은 "모두가 주인인 경제"라는 새로운 패러다임을 제시합니다.

그러나 이야기는 거기서 멈추지 않았습니다. 블록체인은 사회 질서의 변화를 주도합니다. 민주주의, 환경, 공동체, 그리고 한국적 철학인 홍익인간 정신, "널리 인간을 이롭게 한다."는 오래된 지혜가, 첨단 기술 위에서 새로운 숨결을 발견합니다.

인터넷도 변하고 있습니다. Web1.0이 정보를 읽는 시대, Web2.0이 참여와 공유의 시대였다면, Web3.0은 소유의 시대, 인간 가치중심의 시대를 열어갑니다. 데이터와 정체성을 개인이 갖는 새로운 인터넷, 창작자가 스스로 주인이 되는 경제. 그리고 그 무대는 메타버스라는 또 하나의 현실로 확장되고 있습니다.

미래는 더 넓습니다. 블록체인이 인공지능, 양자컴퓨터와 만나며 새로운 길을 열고, 규제와 윤리의 질문은 우리를 멈춰 세웁니다. 기술은 언제나 혁명이자 숙제이기 때문입니다.

이 책은 마지막에 다시 묻습니다.
"경제는 누구를 위한 것인가?"
"기술은 누구를 살리기 위한 것인가?"

블록체인 경제는 단순히 새로운 기술의 서사가 아닙니다. 그것은 인류가 오래도록 찾아온 공정한 신뢰와 모두를 위한 질서에 관한 이야기입니다.

이제 우리는 새로운 길 위에 서 있습니다. 그 길은 비록 낯설지만, 어쩌면 인류가 오래도록 꿈꿔온 길일지도 모릅니다.

"모두를 이롭게 하는 기술, 모두를 위한 경제."
그곳으로 향하는 여정에, 이 책은 작은 이정표가 되기를 바랍니다.

2025년 9월
삼성, 길모퉁에서 쓰다
목원 현용수

| 목차 |

- 프롤로그 · 04

 블록체인의 탄생과 철학

    01. 블록체인이란 무엇인가 · 18

    02. 사토시 나카모토와 비트코인의 기원 · 26

    03. 탈중앙화의 철학: 자유, 신뢰, 그리고 권력 분산 · 30

    04. 신뢰의 역사–인류는 어떻게 신뢰를 구축해 왔는가? · 35

    05. 블록체인과 기존 금융시스템의 충돌 · 40

    06. 블록체인이 바꾸려는 세상 · 43

 돈의 새로운 얼굴

    01. 암호화폐란 무엇인가–화폐의 디지털 전환 · 55

    02. 암호화폐와 코인, 무엇이 다른가? · 58

    03. 비트코인에서 이더리움, 그리고 리플까지–디지털 생태계의 확장 · 61

    04. 토큰이 만든 작은 경제 · 65

    05. 토큰 경제의 작동 원리 · 72

    06. 스마트 계약–약속을 지켜주는 코드 · 75

    07. 스마트 계약이 바꾸는 사회 제도 · 78

08. NFT, 그림에서 부동산까지 확장되는 디지털 자산 · 82

09. NFT가 열어가는 미래 사회의 하루 · 87

10. 거래소와 지갑-새로운 금융생태계 · 90

11. 암호 화폐와 ICO의 미래 · 94

12. CBDC와 스테이블코인-디지털화폐의 두 얼굴 · 98

01. 금융: 은행 없이 돈을 빌리고 굴리다 · 107

02. 유통: 내가 산 커피가 어디서 왔는지 아는 세상 · 111

03. 문화: 음악 · 미술 · 게임 속 새로운 경제 · 115

04. 공공 시스템과 교육, 신뢰의 사회 시스템 만들기 · 119

05. 블록체인, 헬스케어와 의료 혁신-진료기록 · 의약품 · 맞춤형 치료 · 123

06. 블록체인과 헬스케어, 환자 중심의 신뢰 혁명 · 127

07. 환경과 기후, 블록체인과 탄소배출권, 지속가능성 · 131

08. 공공행정 혁신: 투표 · 토지 등기 · 신분증의 미래 · 135

4장 새로운 경제 패러다임

01. 블록체인이 만드는 새로운 경제 원리 · 143
02. 블록체인 네트워크의 잠재력 · 147
03. 블록체인 자본주의 VS 전통 자본주의 · 151
04. 탈중앙화가 바꾸는 자본과 사회 · 155
05. 블록체인, 거버넌스와 권력의 미래 · 159
06. 공유경제, 협동조합, 그리고 블록체인의 만남 · 163
07. DAO-회사 없는 회사의 실험 · 167
08. 모두가 주인이 되는 경제를 향하여 · 171

 **5장 블록체인과 사회**

01. 민주주의와 블록체인, 더 나은 정치 가능할까 · 178
02. 디지털 커뮤니티, 새로운 사회 계약 · 181
03. 블록체인과 환경-전기 먹는 하마인가, 친환경 도구인가 · 184
04. 홍익인간 정신과 블록체인-모두를 이롭게 하는 기술 · 188

6장 블록체인과 문화

    01. 블록체인과 WEB3.0가 여는 문화 패러다임 · 197

    02. NFT와 예술혁명-예술의 가치는 어디서 오는가 · 199

    03. 음악과 창작자의 새로운 무대 · 205

    04. 게임과 가상세계 · 211

    05. 커뮤니티와 팬덤의 진화 · 216

    06. 문화민주주의의 가능성 · 221

 Web3.0-모두가 주인이 되는 인터넷 시대

    01. 블록체인에서 Web3.0으로 · 229

    02. 창작자 경제와 디지털 소유권 · 236

 **메타버스-또 하나의 현실, 또 하나의 경제**

    01. Web3.0에서 메타버스로 · 243

    02. 메타버스와 노동의 미래 · 249

    03. 블록체인 경제에서의 5가지 새로운 노동 유형 · 253

    04. 디지털 정체성의 재구성 · 257

9장 미래로 가는 길

01. 블록체인과 인공지능, 그리고 양자컴퓨터 · 264
02. 각국의 규제 전쟁과 제도 실험 · 268
03. 투기냐 혁명이냐–블록체인을 둘러싼 오해와 진실 · 272
04. 자본주의 이후, 블록체인이 열어갈 새로운 길 · 278
05. 블록체인과 양자의학–전혀 다른 두 흐름 · 282
06. 블록체인 시대의 윤리와 인간학 · 286

☐ 기고문/시사칼럼/에세이

디지털 자본주의, 자본의 미래를 다시 묻다 · 293

자본주의의 숨겨진 연료, 빚 · 299

자본주의 이후, 우리는 어디로 가는가 · 305

Web3.0 시대, 사람 중심의 초연결 플랫폼 혁명 · 312

기술, 新경제와 철학經世濟民과 손을 잡다 · 316

홍익인간 정신과 디지털 문명 전환 · 324

- ■ 에필로그 · 330
- ■ 부록 · 333

┃ 블록체인 경제의 미래 - 들어가기 ┃

  21세기의 첫 20년은 디지털 혁명의 시대였습니다. 인터넷은 전 세계를 하나로 묶었고, 스마트폰은 우리의 손안에 세상을 담았습니다. 그러나 우리는 곧 깨닫게 되었습니다. 정보와 자본의 흐름이 거대 플랫폼 기업과 금융 기관에 집중되면서, 디지털 경제는 모두의 것이 아니라 소수의 것이 되어버렸다는 사실을.

  그때, 한 편의 짧은 백서(White Paper)가 세상에 등장했습니다. 2008년, 사토시 나카모토라는 익명의 인물이 제안한 비트코인은 단순한 전자화폐가 아니었습니다. 그것은 "신뢰를 중앙 기관이 아니라 네트워크에 맡기자"는 선언이었고, 나아가 경제 질서의 재편을 향한 도전이었습니다.

  블록체인은 단순히 새로운 돈을 만든 기술이 아닙니다. 그것은 신뢰의 구조, 권력의 분배, 자본의 흐름을 근본에서 바꾸려는 시도입니다. 은행이 아닌 코드가, 기업이 아닌 커뮤니티가,

중앙이 아닌 분산이 주도하는 경제. 이것이 바로 블록체인 경제입니다.

이 책은 블록체인 경제가 만들어낼 미래의 지형도를 탐구합니다. 돈은 어떻게 바뀔 것인가? 금융과 산업은 어떤 변화를 맞이 할 것인가? 블록체인은 단순한 기술일까, 아니면 새로운 사회 계약의 초석일까? 그리고 무엇보다 중요한 질문은 "블록체인 경제는 누구를 위한 미래인가?"입니다.

우리는 지금 블록체인을 통해 자본주의의 새로운 얼굴과 마주하고 있습니다. 그 미래는 투기적 열광으로 끝날 수도 있고, 모두가 함께 참여하고 나누는 새로운 경제 문명으로 나아갈 수도 있습니다.

1장
블록체인의 탄생과 철학

01. 블록체인이란 무엇인가 · 18

02. 사토시 나카모토와 비트코인의 기원 · 26

03. 탈중앙화의 철학: 자유, 신뢰, 그리고 권력 분산 · 30

04. 신뢰의 역사—인류는 어떻게 신뢰를 구축해 왔는가? · 35

05. 블록체인과 기존 금융시스템의 충돌 · 40

06. 블록체인이 바꾸려는 세상 · 43

『우리는 먼저 묻습니다. "블록체인이란 무엇인가?"
그것은 단순한 코드나 암호가 아니라, 인류가 신뢰를 조직하는 방식을 새롭게 제안한 제4차 산업혁명의 새로운 발명입니다. 은행과 정부에 의존했던 신뢰가, 이제는 분산된 네트워크와 코드로 개인에게 이동합니다.』 -본문 요약

문제 제기 – 신뢰의 위기와 새로운 해답

2008년 글로벌 금융위기 이후, 사람들은 금융시스템에 대한 신뢰를 더 이상 하지 않았습니다. 은행과 정부가 독점적(중앙집중식)으로 관리하던 화폐와 거래 구조는 투명성 부족, 불평등, 독점 권력이라는 한계를 드러냄으로써 그 기능에 대한 신뢰와 믿음이 희박해진 것이었습니다.

이후, 새로운 신뢰 메커니즘, 즉 사람이나 제도가 아닌 기술에 기반한 '탈중앙화 신뢰'의 필요성이 제기되었고, 블록체인은 단순한 기술 혁신이 아니라 "신뢰의 재구성"이 필요한 것입니다.

즉, 인간이 오래도록 추구해 온 공정, 상생, 투명성을 기술로 구현하려는 시도가 블록체인의 태생적 배경입니다. 따라서 블록체인의 철학은 "널리 인간을 이롭게 한다(弘益人間)."라는 가치와도 맞닿아 있으며, 앞으로의 경제·사회 시스템 변화[1]를 이끄는 핵심 동력이 될 것입니다.

---

1) 현용수 교수의 '대한국인의 길' 2025. 증보판 참조

01. 블록체인이란 무엇인가

신뢰를 다시 만드는 기술 이야기

우리는 매일 돈을 쓰고, 물건을 사고, 정보를 주고받으며 살아갑니다. 그런데 이 모든 일에는 '누군가를 믿는 일'이 숨어 있습니다. 내가 송금하면 은행이 잘 처리해 줄 것이라 믿고, 내가 산 커피가 진짜 공정무역인지 마트 라벨을 믿고, 계약서를 쓰면 변호사나 법이 그 약속을 지켜줄 것이라 믿습니다.

그런데 한 번쯤 이런 생각을 해 본 적 있지 않나요?
"정말 저 사람들이 제대로 하고 있는 걸까?" "누가 이걸 감시하고, 지켜보고 있을까?"

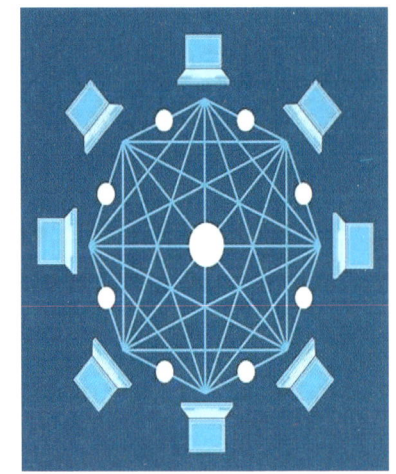

이렇게 우리는 '신뢰'라는 보이지 않는 약속 위에 살고 있습니다. 그런데 그 신뢰가 깨지면, 금융위기, 부정부패, 데이터 조작 같은 문제들이 발생합니다. 블록체인은 신뢰를 '사람'에서 '기술'로 옮긴 발명입니다.

블록체인은 간단히 말해서 "거래나 약속을 누구나 함께 기록하고, 누구도 마음대로 고칠 수 없게 만드는 기술"입니다.

예를 들어볼까요? 친구들끼리 돈을 빌려주고 받는 상황, 즉 다섯 명의 친구가 돈을 서로 빌리고 갚는다고 상상해 봅시다. 보통은 한 명이 장부를 적고, "누가 누구에게 얼마를 빌려줬다"고 관리합니다. 그런데 이 장부를 적는 사람이 실수하거나 일부러 내용을 바꾸면 어떻게 될까요? 다른 사람들은 속을 수밖에 없습니다. 블록체인의 기술은 이런 상황을 바꾸어 줍니다.

다섯 명 모두가 같은 장부를 동시에 들고 있고, 한 명이 기록을 바꾸려 해도 다른 네 명의 장부와 다르면 무효가 되는 기술적 변환입니다. 또한, 새로운 거래가 발생하면 다섯 명 모두 동시에 각자 장부에 업데이트 됩니다. 이 말은 누구도 혼자 장난칠 수 없고, 모두가 함께 기록을 지키는 구조가 된다는 것입니다. 이 장부(시스템)를 영어로는 '블록체인Blockchain'이라고 명명합니다.

왜 블록Block이고 체인Chain일까? 거래 기록 하나하나를 '블록Block'이라고 부릅니다. 이 블록들은 시간 순서대로 체인처럼 줄줄이 연결Chain되어 있습니다. 한 번 연결된 블록은 뒤에서 몰래 바꿀 수 없습니다. 왜냐하면 각 블록은 앞의 블록과 수학적으로 연결되어 있기 때문입니다. 그래서 이를 '변경 불가능한 기록의 사슬', 즉 블록체인이라고 명명한 것입니다.

◇ 블록체인의 특징 (도표)

특징	의미
탈중앙화	은행·정부·회사 같은 '중앙 관리자' 없이 모두가 함께 운영
투명성	거래 내용이 모두에게 공개되어 있음
보안성	암호기술로 보호되어 쉽게 해킹하거나 조작할 수 없음
자동화	계약이나 약속이 자동으로 실행되는 '스마트 계약' 기능 가능
공정한 보상	시스템을 유지하는 사람들에게 공정하게 보상이 돌아감

왜 블록체인이 중요한가?

블록체인은 단순히 돈을 주고받는 기술이 아닙니다. 이 기술이 중요한 이유는 다음과 같습니다.

첫 번째, 신뢰를 기술로 대체합니다. 두 번째, 사람이나 기관을 믿지 않아도 시스템 자체가 신뢰를 만들어 줍니다. 세 번째, 모두가 주인인 구조입니다.

즉, 참여한 사람이 곧 운영자이고, 기여한 만큼 보상을 받습니다. 이 말은 독점이 아니라 모두가 공유한다는 뜻입니다.

블록체인 사회가 지향하는 것은 데이터, 권력, 돈이 한 사람에게 집중되지 않고, 분산되어 공유하자는 목표입니다. 공정한 사회와 함께하는 거버넌스governance, 그리고 공동체 정신을 위한 기술적 변화입니다. 기존에 불투명했던 계약, 불공정했던 거래를 기술로 투명하고 공정하게 바꾸려는 시도입니다.

한편, 블록체인은 '디지털 공동체의 약속'입니다. 우리가 살아가는 시대는 점점 더 디지털화되어 가고 있습니다. 하지만 그 안에서 우리는 여전히 사람을 믿어야 하는 불안한 구조 속에 살고 있습니다. 그래서 블록체인은 말합니다. "사람 대신, 우리가 함께 만든 기술과 규칙을 믿자." 이것은 단지 기술의 발전이 아니라, 새로운 공동체의 약속을 만드는 일입니다. 또한, 블록체인은 신뢰를 새롭게 디자인한 발명품입니다. 그리고 그 신뢰는 이제 모두가 함께 만드는 시대로 나아가고 있습니다.

블록체인이란, 모두가 함께 기록하고 누구도 속일 수 없는 '디지털 신뢰의 장부'입니다. 그것은 새로운 경제와 새로운 사회를 만드는 '기술이자 철학'이기도 합니다.

블록체인의 주요 특징과 동작 원리

블록체인의 주요 특징으로는 첫 번째, 분산성입니다. 데이터베이스가 여러 노드에 분산 저장되어 중앙 집중식 서버가 필요 없습니다.

두 번째, 암호화와 무결성입니다. 각 블록은 이전 블록의 해시값을 포함해 암호화되어 있으며, 블록이 한 번 기록되면 변경할 수 없습니다. 세 번째, 투명성입니다. 공개 블록체인의 경우 누구나 블록체인 탐색기를 통해 거래 내역을 확인할 수 있습니다.

네 번째, 합의 메커니즘입니다. 모든 네트워크 참여자들이 새 블록의 유효성을 검증하는 과정입니다. 비트코인은 작업증명(PoW) 방식으로 많은 연산과 에너지가 필요하지만, 이더리움 등은 지분증명(PoS) 방식으로 검증자를 무작위 선정해 에너지 소모를 줄여줍니다.

블록체인은 암호화폐 외에도 다양한 산업에 응용되고 있다. 아래 표는 주요 분야와 대표 사례를 요약한 것입니다.

◇ 블록체인 기술의 응용 분야 (사례)

응용 분야	대표 사례/ 키워드	설 명
공급망 관리	명품 인증 식품 추적 스마트 계약	공급망 분야에서는 블록체인을 공동의 원장으로 활용해 제품 이력을 추적한다. 물류 컨설팅업체는 블록체인을 "여러 컴퓨터에 존재하는 공유 스프레드시트"로 비유하며, 각 블록이 이전 블록과 링크되어 조작이 어려움을 강조한다. 루이비통·프라다 등 명품 호주 브랜드는 Aura 컨소시엄을 통해 제품별 디지털 패스포트를 제공하고 자동차 업체 톰카는 공급업체 대금을 비트코인으로 직접 결제해 송금 시간을 며칠에서 몇분으로 단축했다. 스마트 계약을 활용한 무인 자동차 렌털 사례처럼 결제 미이행 시 차량을 잠금 상태로 바꾸는 등의 자동화도 가능하다. 월마트는 중국에서 돼지고기 공급망을 추적하여 각 고기의 생산·가공·유통 단계와 유통기한을 기록함으로써 리콜 대응 능력을 높였다
스마트 계약 및 디지털 자산	자동화된 계약 DeFi, NFT	인베스토피디아는 스마트 계약을 "조건이 충족되면 자동으로 실행되는 블록체인 프로그램"으로 정의하고, 중개인 없이 거래를 체결할 수 있음을 강조한다. 스마트 계약은 공급망(납품과 결제 자동화), 부동산 거래, 대출 등 다양한 영역에서 비용과 시간을 줄인다.
헬스케어	전자의무기록 관리, 연구 데이터 공유, 의약품 추적	학술연구는 블록체인이 의료 데이터의 단편화 문제와 상호운용성 문제를 해결할 수 있다고 보고한다. 블록체인을 통해 환자의 알레르기나 약물 복용 이력을 포함한 전체 병력에 안전하게 접근할 수 있어 의료진이 더 나은 판단을 내릴 수 있으며, 암호화된 블록체인 데이터는 연구자들이 익명화된 대규모 데이터를 활용하도록 돕는다. 또한 의약품의 생산부터 유통까지를 기록해 위조 약품을 차단하고 보험 청구 과정에 스마트 계약을 적용하여 데이터 변조와 사기를 줄인다

응용 분야	대표 사례/ 키워드	설 명
디지털 정부 서비스 및 신원	에스토니아 e-Residency, 사회복지 지급, EU eID	에스토니아는 블록체인을 기반으로 한 전자주민증(e-Residency) 프로그램을 도입해 외국인에게 EU내 기업 설립과 서비스 접근을 허용한다. 네덜란드의 'Child Package' 프로그램은 블록체인을 이용해 저소득 가정에 연간 지원금을 지급하며, 수혜자는 분산 신원을 이용해 자금 사용을 추적한다. EU는 2030년까지 전체 시민의 80%가 사용가능한 디지털 신원(eID)을 구축하는 것을 목표로 하며, 블록체인 기반 서비스 인프라(EBSI)를 통해 각국 정부 시스템을 연결하려 하고 있다.
부동산 토큰화	NFT/토큰을 통한 소유권 분할	체인링크는 부동산을 블록체인 토큰으로 표현해 유동성을 높이는 토큰화(tokenization)를 소개한다. 부동산 전체를 하나의 NFT로 나타내거나 여러 개의 동일한 토큰으로 나누어 부분 소유권을 제공할 수 있으며, 거래 시간과 비용을 줄이고 작은 금액으로도 투자할 수 있게 한다.
에너지/ 기타	마이크로그리드, 콜드체인	뉴욕 브루클린의 'Transactive Grid'는 이웃간 태양광 잉여 전력을 블록체인 스마트 계약으로 거래하며, 중앙 전력망 의존을 줄인다. DHL의 스마트 팔레트는 온도·습도·충격 등을 센서로 수집해 블록체인에 기록하고, 기준을 벗어나면 자동으로 알림을 보내 제품 손상을 줄인다.

〈출처: investopedia.com/mckinsey.com/logisticsbureau.compmc.ncbi.nlm.nih.gov/emurgo.io〉

미래전망과 과제

블록체인은 거래 투명성과 추적성을 높이고, 중개 비용을 줄이며, 규제 준수와 데이터 보안을 강화하는 등 많은 장점을 제공합니다. 이미 맥킨지는 블록체인이 KYC 비용을 줄이고 거래 시간을 단축하며, 스마트 계약을 통한 자동화로 공급망 효율을 높일 수 있다고 설명합니다.

반면, 작업 증명 방식의 에너지 소비, 네트워크 확장성, 규제 불확실성, 개인정보 보호 문제 등 해결해야 할 과제도 존재하고 있습니다. 각국 정부와 기업들은 이러한 장단점을 고려하면서 파일럿 프로젝트와 규제 정비를 통해 기술을 도입하고 있으며, 향후에는 블록체인 서비스 간 상호운용성과 사용 편의성이 발전할 것으로 전망됩니다.

02. 사토시 나카모토와 비트코인의 기원

2008년, 흔들린 신뢰의 시대

2008년, 세계(미국 등)는 거대한 금융위기를 겪었습니다. 은행들이 무너지고, 수많은 사람들이 일자리를 잃었으며, "우리가 믿어온 금융시스템은 안전한가?"라는 의문이 전 세계를 뒤덮었습니다. 이때 사람들은 월스트리트를 점령하고, 은행에 대한 비윤리적, 자본주의에 대한 회의를 품게 되었습니다. 그리고 사람들은 알게 되었습니다. '은행은 우리가 맡긴 돈을 꼭 지켜주지 않는다. 정부도 위기 앞에서는 모든 걸 구제할 수 없다. 신뢰라고 믿었던 시스템이 사실은 불완전하다.'라는 냉혹한 사실을 깨닫게 된 것입니다.

이때, 세상에 한 편의 논문이 조용히 등장했습니다. 그 논문의 저자는 사토시 나카모토Satoshi Nakamoto라는 정체불명의 인물이었습니다.

사토시 나카모토 – 이름 없는 창시자

사토시 나카모토가 누구인지는 지금도 밝혀지지 않고 있습니

다. 그가 일본인인지, 서양인인지, 개인인지, 혹은 연구자 집단인지조차 모릅니다. 하지만 그가 남긴 단 하나의 기록, 즉 〈비트코인: 개인 간 전자화폐 시스템(Bitcoin: A Peer-to-Peer Electronic Cash System)〉이라는 백서는 오늘날까지 엄청난 파장을 불러일으키고 있습니다. 사토시는 이렇게 말했습니다.

"우리는 은행 같은 중개자 없이, 사람들끼리 직접 돈을 주고받을 수 있어야 한다."

비트코인은 바로 그 아이디어에서 시작되었습니다. 은행 대신 블록체인 네트워크가 장부를 기록합니다. 또한, 변호사나 공증인 없이 수학적 규칙과 코드가 약속을 지켜줍니다. 누구나 참여하고, 누구도 속일 수 없는 디지털화폐가 만들어진 것입니다.

첫 번째 거래, 첫 번째 블록

2009년 1월 3일, 사토시는 첫 번째 블록을 만들었습니다. 그것을 '제네시스 블록Genesis Block', 즉 "시작의 블록"이라 부릅니다. 흥미로운 점은, 그 블록 안에 한 줄의 신문 기사가 숨겨져 있었다는 것입니다.

"The Times 03/Jan/2009 Chancellor on brink of second bailout for banks"
(2009년 1월 3일, 타임즈: 재무장관, 두 번째 은행 구제금융 임박)

이 메시지는 단순한 기록이 아니라, 기존 금융시스템에 대한 비판이자 새로운 화폐 시스템을 열겠다는 선언이었습니다.

비트코인의 첫걸음

처음에는 소수의 개발자와 기술자들이 비트코인을 실험했습니다. 그 후 2010년 5월, 한 프로그래머가 비트코인 1만 개로 피자 두 판을 주문한 사건은 지금도 전설처럼 전해집니다. 당시엔 장난 같았던 화폐가 시간이 지나면서 가치의 저장 수단, 새로운 투자 자산, 나아가 디지털 경제의 기초로 자리 잡았습니다.

사토시의 퇴장, 그리고 남겨진 유산

흥미로운 것은, 사토시는 비트코인이 점점 주목을 받기 시작하자 서서히 자취를 감췄다는 점입니다. 그는 개발자들과 이메일로만 소통했고, 얼굴을 드러낸 적이 없습니다. 2011년 이후, 그는 완전히 사라졌습니다. 지금도 누구도 그의 정체를 알지 못합니다. 그러나 그가 남긴 것은 단순한 '디지털화폐'가 아니라, "신뢰를 다시 만드는 새로운 시스템"이었습니다.

사토시가 남긴 질문

사토시는 이렇게 묻고 있는지도 모릅니다. "우리는 여전히 은행과 정부만을 믿을 것인가? 아니면 누구도 속일 수 없는 코드와 수학을 믿을 것인가?" *비트코인의 기원은 단순히 돈의 이야기가 아니라 신뢰와 자유, 그리고 권력에 대한 질문이었습니다. 또한, 오래된 이야기 '홍익인간의 정신'을 다시 일깨우는 거대한 혁명인 것입니다.* 그리고 그 질문은 지금도 여전히 우리 앞에 놓여 있습니다. 한마디로 정리하면, 사토시 나카모토와 비트코인의 기원은 "신뢰가 무너진 세상에서 신뢰를 다시 짓는 시도"였고, K-한류의 저변에 있는 '홍익의 공동체 정신'을 알리는 발화점이 된 것입니다.

03. 탈중앙화의 철학: 자유, 신뢰, 그리고 권력 분산

자유, 신뢰, 그리고 권력 분산

우리가 사는 세상은 언제나 중앙을 중심으로 움직여왔습니다. 돈은 은행에, 권력은 정부에, 정보는 거대한 기업에 집중되어 있습니다. 우리는 그들에게 의지하며 안도했지만, 동시에 알 수 없는 불안도 함께 있었습니다. 왜냐하면 우리의 자유와 권리가 언제든 소수의 손끝에서 흔들릴 수 있기 때문입니다.

2008년 세계 금융위기, IMF 사태, WTO 붕괴 등 거대한 은행, 기업들이 무너지자 수많은 사람들이 한순간에 삶의 터전을 잃었습니다. 정부의 정책 하나가, 기업의 규칙 하나가 개인의 운명을 좌우하는 현실 속에서 사람들은 질문하기 시작했습니다.

"우리가 믿어온 신뢰는 무엇이었는가?", "자유란 정말 가능한 것인가?" 그때 한 줄기 낯선 목소리가 세상에 등장했습니다. "신뢰를 사람에게 두지 말고 시스템에 두자. 권력을 한 곳에 모으지 말고 모두에게 나누자." 이것이 바로 탈중앙화의 철학입니다.

 탈중앙화는 단순히 기술적 개념이 아닙니다. 그것은 자유의 선언이며, 신뢰의 재발명이고 권력 분산의 약속입니다(홍익인간 정신). 중앙 권력의 허락 없이도 누구나 참여할 수 있는 자유. 권위자가 아니라 모두가 공유하는 기록 속에서 피어나는 신뢰. 소수가 아닌 다수가 함께 지켜내는 권력의 균형(DAO)을 말하고자 했습니다.

 이 철학은 오랜 시간 인류가 꿈꾸어왔지만 제대로 구현하지 못했던 이상이기도 합니다. 그리고 블록체인은 그 이상을 디지털 시대에 구체화하려는 첫 번째 시도입니다. 아직 이 여정은 미완성입니다. 그러나 분명한 것은, 우리는 이제 더 이상 묻기만 하는 존재가 아니라, 스스로 답을 만들어가는 참여자가 될 수 있다는 사실입니다.

 탈중앙화는 거대한 혁명이 아니라, 작은 믿음의 전환에서 시작됩니다. 사람이 아닌 코드에, 중앙이 아닌 다수

에게, 독점이 아닌 공유에 신뢰를 두는 순간, 우리는 새로운 세상으로 한 걸음 나아갑니다.

이 책은 바로 그 길 위에서 자유와 신뢰 그리고 권력 분산이라는 철학이 어떻게 우리 경제와 삶을 바꾸는지 그 이야기를 따라가는 여정을 만들어 갈 것입니다.

경제의 새로운 실험 - 탈중앙화

블록체인은 단순히 새로운 돈을 만드는 기술이 아닙니다. 그것은 경제와 사회의 방향과 룰Rule을 다시 쓰는 변화의 과정입니다. 탈중앙화Decentralization는 은행, 정부, 기업 같은 중앙 권력에 의존하지 않는 구조를 말합니다.

이에 따르는 참여와 보상은 블록체인 시스템을 유지하는 모든 참여자가 정당한 몫을 얻는 구조이며, 거래의 투명성 확보는 거래 기록이 모두에게 열려 있는 구조입니다. 이 시도가 정착한다면 우리는 지금까지와는 전혀 다른 경제 질서를 맞이하게 됩니다. 그것은 소수가 독점하는 자본주의에서, 다수가 함께 소유하는 분산 경제(홍익 경제)로의 전환일 수 있습니다.

블록체인과 홍익인간 정신

한국의 전통사상, 홍익인간(弘益人間)은 "널리 인간을 이롭게 한다."라는 뜻을 품고 있습니다.

이 정신은 경제의 본질적 목적이 소수가 아닌 모두의 행복에 있음을 일깨웁니다. 블록체인 경제가 지향하는 탈중앙화의 철학은 바로 이 홍익정신과 깊이 연관되어 있습니다.

권력의 독점이 아니라 분산,
이익의 집중이 아니라 공유,
배제의 논리가 아니라 참여와 협력을 블록체인은 첨단 기술이면서 동시에, 오래된 이상을 현대적으로 구현하는 도구일 수 있습니다.

우리가 나아갈 길

이 책은 블록체인의 탄생과 철학에서 출발하여 돈과 경제의 변화, 산업과 사회의 혁신, 그리고 결국 새로운 문명적 가능성을 열어갈 것입니다. 우리가 지금 여기에서 블록체인 경제를 이야기해야 하는 이유는 단순합니다. 그것은 기술의 문제가 아니라 우리 삶과 공동체의 미래를 결정하는 문제이기 때문입니다. 이제 새로운 질문을 던질 시간입니다.

　우리는 여전히 중앙에 의존할 것인가, 아니면 모두가 함께 만드는 신뢰의 길로 나아갈 것인가? 이 책은 그 질문에 대한 하나의 여정을 담고 있습니다.

04. 신뢰의 역사 – 인류는 어떻게 신뢰를 구축해 왔는가?

신뢰는 왜 중요한가?

"인류의 역사는 곧 신뢰의 역사다." 이 명제는 인류사에 위대한 발전의 밑거름이 되었습니다. 한 사람이 다른 사람과 거래하거나, 집단이 함께 살아가기 위해서는 '상대가 약속을 지킬 것'이라는 믿음이 필요합니다.

신뢰가 없다면 협력은 불가능하고, 협력이 없다면 문명은 유지될 수 없습니다.

결국 신뢰는 사회와 경제를 떠받치는 보이지 않는 기둥이었습니다. 그 기둥의 역할이 현대사회에서 블록체인이라는 새로운 문명으로 점철되어 가고 있는 중입니다.

구전과 혈연의 신뢰

인류 초기의 신뢰는 작은 집단에서 시작되었습니다.

먼저, 혈연과 친족관계 같은 피를 나눈 사람이라는 사실이 신뢰의 가장 큰 바탕이 되었습니다. 또한 구전과 평판, 약속을 어긴 사람은 집단 내에서 소문으로 알려졌고, 사회적 불이익을 감수해야 했습니다. 상호감시, 작은 공동체에서는 모두가 서로를 알고 있었기 때문에 속임수가 어렵고, 신뢰가 유지되는 역할을 했습니다. 즉 초기 인류의 신뢰는 개인적 관계와 공동체의 좁은 범위 안에서 작동했습니다.

제도와 법률의 신뢰

인구가 늘고 집단이 커지면서 신뢰의 기반은 개인적 관계에서 제도적 장치로 옮겨갔습니다. 고대 메소포타미아의 함무라비 법전, 고조선의 팔조금법 등은 계약과 거래에 관한 조항을 두어 신뢰를 제도화했습니다.

종교적 신뢰 → 신 앞에서 맹세하는 관습은 거짓말을 억제하는 강력한 장치였습니다. 화폐의 등장 → 화폐는 '국가가 보증하는 신뢰의 상징'이 되었으며, 동전이나 지폐는 그 자체로 가치를 가지지 않지만, 국가 권위 덕분에 신뢰가 형성된 것입니다. 이 시기부터 신뢰는 권력과 제도의

보증을 받으며 확장되었습니다.

계약과 금융의 신뢰

근대에 들어오면서 신뢰는 한층 복잡해졌습니다. 특히, 계약서와 법률 체계 → 서로 모르는 사람도 계약서를 근거로 거래할 수 있게 되었습니다.

또한, 은행과 금융기관 → 은행은 '신뢰를 대신 제공하는 기관'으로 성장했고, 사람들은 직접 상대를 믿지 않아도, 은행을 믿고 거래할 수 있었습니다.

국제무역도 신용장(信用狀, Letter of Credit) 같은 제도가 등장하여 국가와 국가 간의 거래도 가능해졌습니다. 즉 신뢰는 점차 기관과 시스템을 매개로 하여 글로벌하게 확장되어 나갔습니다.

현대 사회의 신뢰 위기

현대에 들어서면서 기존 신뢰 체계는 흔들리기 시작했습니다. 금융위기(2008) 후, 은행과 금융기관조차 탐욕과 부패로 인해 신뢰를 잃었고, 정부와 권력의 불신 → 국가 제도가 언제나 공정하지 않다는 사실이 드러났습니다.

디지털 시대의 불확실성 → 온라인에서는 상대가 누구인지 확신하기 어렵고, 개인정보 유출과 사기의 위험이 커졌습니다. 결국 사람들은 묻기 시작했습니다. "우리는 더 이상 누구를 믿어야 하는가?"

PEER-TO-PEER LENDING

블록체인 – 신뢰의 새로운 형태

바로 이 지점에서 블록체인이 등장합니다. 블록체인은 신뢰의 역사를 완전히 새로운 국면으로 전환시키고 있습니다. 이는 사람이나 기관을 믿지 않아도 되고, 신뢰의 주체가 인간이나 국가가 아니라 코드와 알고리즘이 신뢰를 구성하기 때문입니다.

분산된 장부가 모든 기록을 검증하므로 조작이 불가능합니다. 탈중앙화 구조 속에서 권력이 분산되고, 참여자 모두가 신뢰 시스템을 함께 운영하게 됩니다. 이는 인류가 처음 공동체에서 서로의 눈을 보며 신뢰하던 방식을, 기술적으로 전 지구적 규모에서 재현한 것입니다.

　신뢰는 인류 문명을 만들어 온 원동력이었습니다. 혈연과 평판에서 출발해서, 법과 제도, 금융기관을 거쳐, 이제는 코드와 네트워크에 기반한 블록체인까지 이르렀습니다. 즉 블록체인은 단순한 기술이 아니라 신뢰를 다시 발명한 인류의 최신 성취이며, 과학기술을 통한 혁명의 쾌거이고도 합니다.

　그리고 이 새로운 신뢰의 모델은, 앞으로 우리가 어떤 사회와 경제를 만들어갈지를 결정하는 중요한 철학적 토대가 될 것입니다.

05. 블록체인과 기존 금융시스템의 충돌

기존 금융시스템의 충돌

우리가 매일 사용하는 은행 카드, 인터넷 뱅킹, 주식 거래 시스템은 오랫동안 금융의 표준처럼 자리 잡아왔습니다. 그러나 2008년 금융위기 이후, 그 신뢰의 기둥이 크게 흔들렸습니다.

시중은행은 우리의 돈을 보관하는 수호자가 아니라, 때때로 그 돈을 위험에 노출시키는 존재일 수도 있다는 사실을 깨닫게 된 것입니다. 그 무렵 블록체인은 새로운 대안으로 떠올랐습니다. "은행이나 정부 같은 중앙 권력에 의존하지 않고, 사람들이 스스로 거래를 기록하고 보증하는 방식은 불가능할까?"

이 질문은 곧 기존 금융시스템과 블록체인의 불가피한 충돌을 예고했습니다. 블록체인은 무너진 신뢰를 재설계하려 했고, 기존 금융은 신뢰를 독점하려 했습니다. 이 둘의 만남은 오늘날 우리가 목격하는 가장 거대한 경제적·철학적 충돌 중 하나입니다.

충돌의 본질 – 권력과 이익의 재분배

기존 금융시스템과 블록체인의 충돌은 단순한 기술 경쟁이 아닙니다. 그 본질은 권력과 이익의 재분배에 있습니다. 거대 은행과 정부는 오랫동안 화폐 발행과 거래 기록의 독점 권력을 가졌습니다. 하지만 블록체인은 그 권력을 참여자 모두에게 나누어 주려 합니다. 기존 금융이 "중앙의 통제"를 통해 질서를 유지했다면, 블록체인은 "분산된 합의"로 질서를 만들어내려는 혁명적 발상입니다. 이 차이는 곧 철학적 대립 그리고 경제적으로 확장됩니다.

기존 금융은 사회의 "안정을 위해 중앙의 권력이 필요하다." 하지만 블록체인은 개인과 공동체의 "자유와 공정을 위해 권력을 나누어야 한다."라고 주장합니다.

현재와 미래 – 공존인가, 대체인가?

오늘날 블록체인과 금융은 이미 곳곳에서 부딪히고 있습니다. 암호화폐 거래소는 전통 증권거래소의 대안으로 부상하고, 블록체인 기반 송금 서비스는 은행의 국제 송금 수수료를 위협하며, 중앙은행조차 CBDC(중앙은행 디지털화폐)라는 이름으로 블록체인 기술을 도입하려 합니다. 이 충돌은 결국 두 가지 길 중 하나로 나아갈 수밖에 없습니다.

그렇다면 이 두 부분은 어떻게 공존할 수 있을까요? 블록체인이 기존 금융을 보완하며 더 투명하고 효율적인 시스템을 만들 수 있다는 게 현상이고, 또한 블록체인이 기존 금융의 역할을 상당 부분 흡수하며 새로운 경제 질서를 열 수 있다는 확신이 자리 잡아 가고 있는 중입니다.

블록체인과 기존 금융시스템의 충돌은 단순히 기술의 경쟁이 아니라, "신뢰를 누구에게 둘 것인가"라는 근본적인 질문입니다. 은행과 정부라는 중앙 권력에 둘 것인가, 아니면 네트워크와 참여자 모두에게 나누는 시스템에 둘 것인가의 문제입니다. 이 갈등 속에서 우리는 새로운 경제의 미래와 마주하고 있습니다. 그리고 그 선택은 *단순히 은행과 블록체인의 싸움이 아니라 "어떤 사회를 원하는가?"라는 질문이 될 것입니다.*

06. 블록체인이 바꾸려는 세상

신뢰가 무너진 순간들 - 금융위기의 역사

역사적으로 금융은 여러 차례 신뢰의 붕괴를 경험했습니다.

- 1929년 대공황 → 미국 주식시장이 붕괴하자 은행들이 도산했고, 사람들은 예금을 찾으려 몰려들었습니다. 그러나 은행은 이미 돈을 다른 곳에 투자한 후 회수하지 못한 상태여서 많은 사람들이 평생의 재산을 잃었습니다.

- 1997년 아시아 금융위기 → 외환 투기와 취약한 금융시스템 때문에 한국을 포함한 아시아 여러 나라들이 심각한 경제 위기를 겪었습니다. IMF 구제금융은 국가 단위로도 신뢰가 붕괴될 수 있음을 보여주었습니다. 이에 한국이 겪은 외환 위기 상황은 신뢰 경제를 붕괴시킨 원인이 되기도 했습니다.

- 2008년 글로벌 금융위기 → 미국의 투자은행 리먼브라더스가 파산하면서 전 세계 금융시스템이 무너졌습니다. 수많은 사람들의 집과 일자리가 사라졌고, 정부는 국민의 세금으로

은행들을 구제해야 했습니다. 월가에 모인 수많은 파산자들의 절규는 새로운 금융질서를 만들어야 한다는 요구가 거세지는 계기가 되었습니다.

블록체인이 바꾸려는 세상 – 신뢰의 방식이 바뀝니다

우리는 지금까지 사람과 제도에 의존하는 사회적 계약과 신뢰 속에서 살았습니다. 돈은 은행을 믿고 맡겼습니다. 계약은 법원과 변호사를 믿고 보장받았습니다. 투표는 선거관리위원회를 믿고 진행했습니다. 하지만 이 구조에는 언제나 불안이 따라왔습니다.

"은행이 실수하면?", "권력이 부패하면?", "기록이 조작되면?" 블록체인은 거래, 계약 등 신뢰의 방식을 근본적으로 바꾸어 줍니다. 사람을 믿는 대신, 시스템을 믿는 사회로 옮겨가는 것입니다. 이제 신뢰는 중앙에 집중되지 않고, 모두가 함께 지키는 공공재를 만드는 노력을 해야 합니다.

돈과 경제가 변합니다

블록체인은 화폐의 개념 자체를 흔들고 있습니다. 은행을 거치지 않고도 사람과 사람 사이에 직접 송금이 가능합니다. 암호화폐와 토큰은 커뮤니티마다 작은 경제를 만들 수 있게 합니다. 탈중앙화 금융DeFi은 은행 없이도 대출·투자·보험이 가능하도록 진행되고 있습니다. 이는 곧, 소수 금융기관이 좌우하던 구조에서 참여자 모두가 경제의 주체가 되는 구조로의 전환을 의미합니다.

산업과 기술이 바뀝니다.

블록체인은 단순히 금융만 바꾸는 것이 아닙니다.

- 유통·물류 → 블록체인 기록으로 제품이 어디서 생산되어 어떤 과정을 거쳤는지 투명하게 추적할 수 있습니다. → 가짜 상품, 불법 유통 방지합니다.
- 문화·예술 → NFT 덕분에 예술가는 플랫폼이나 중개자 없이도 직접 수익을 얻고 팬과 연결됩니다.
- 공공서비스 → 투표, 주민등록, 학위증명 등 부정할 수 없는 기록이 가능해집니다.
- 환경·사회 분야 → 기부금이 어디에 어떻게 쓰였는지 투명하게 공개할 수 있습니다. 즉 블록체인은 "투명성과 추적 가능성"을 통해 다양한 산업의 신뢰를 새롭게 구축합니다.

사회와 공동체가 바뀝니다

블록체인은 새로운 형태의 사회적 관계를 가능하게 합니다. DAO(탈중앙화 자율조직)은 회사의 사장이 없어도, 구성원들이 함께 의사결정을 내리고 보상을 나누는 조직입니다.

디지털 커뮤니티는 국경을 넘어선 온라인 공동체가 하나의 국가처럼 운영될 수 있습니다.

정치와 민주주의는 투표와 정책결정이 블록체인 기반으로 이루어진다면, 조작이나 불신 없는 참여 민주주의가 가능해질지 수 있습니다. 이는 곧 권력의 분산과 참여의 확대라는 사회적 변화를 뜻합니다.

철학과 가치가 바뀝니다.

블록체인이 바꾸려는 세상은 단순히 기술적 혁신이 아닙니다. 그 안에는 철학적 전환이 숨어 있습니다.

중앙 집중의 질서 → 분산과 공유의 질서/ 독점과 배제 → 참여와 협력/ 소수의 이익 → 다수의 공익 추구, 이는 한국 고유의 가치인 '홍익인간 정신(널리 인간을 이롭게 한다)'라는 사상과도 연결됩니다.

블록체인은 모두가 함께 이익을 나누는 경제, 모두가 주체가 되는 사회를 향해 나아가고 있습니다. 분명, 블록체인이 바꾸려는 세상은 단순히 돈의 모양이 아니라 신뢰의 방식, 권력의 구조, 사회의 철학입니다.

그것은 소수의 손에 집중된 힘을 다수에게 되돌려주려는 시도이며, 모두가 함께 지키고, 함께 나누는 세상을 향한 발돋움입니다. 아직 이 변화는 완성되지 않았습니다. 그러나 분명한 것은 블록체인은 이미 새로운 시대의 문을 열고 있다는 사실입니다.

2장
돈의 새로운 얼굴

01. 암호화폐란 무엇인가—화폐의 디지털 전환 · 55
02. 암호화폐와 코인, 무엇이 다른가? · 58
03. 비트코인에서 이더리움, 그리고 리플까지—디지털 생태계의 확장
04. 토큰이 만든 작은 경제 · 65
05. 토큰 경제의 작동 원리 · 72
06. 스마트 계약-약속을 지켜주는 코드 · 75
07. 스마트 계약이 바꾸는 사회 제도 · 78
08. NFT, 그림에서 부동산까지 확장되는 디지털 자산 · 82
09. NFT가 열어가는 미래 사회의 하루 · 87
10. 거래소와 지갑-새로운 금융생태계 · 90
11. 암호 화폐와 ICO의 미래 · 94
12. CBDC와 스테이블코인-디지털화폐의 두 얼굴 · 98

『돈은 문명을 비추는 거울입니다.
블록체인 시대의 돈은 코인, 토큰, NFT로 전환되고, 또한 가치와 약속을 주고받는 방식이 변화됩니다. 여기서 우리는 새로운 질문을 만납니다. "돈이란 무엇인가, 그리고 그것은 누구를 위한 것인가?"』 -본문 요약

돈, 인간의 가장 오래된 발명품 중 하나

태초에 인류가 물물교환을 시작했을 때, 돈은 존재하지 않았습니다. 사람들은 쌀 한 자루와 소 한 마리, 물고기와 옷감을 서로 바꾸며 살아갔습니다. 하지만 곧 문제가 생겼습니다.

"내가 가진 소 한 마리와 네가 가진 바늘 한 개는 어떻게 맞바꿀까?", "물고기는 금방 상하는데 오래 보관할 수 있고, 교환가치를 어떻게 만들어 낼 수 있을까?"

이 불편함을 해결하기 위해 등장한 것이 돈입니다. 처음에는 조개껍데기, 곡식, 금·은 같은 귀금속이 사용되었습니다. 이후 금속 화폐, 종이 화폐, 신용카드, 인터넷 뱅킹까지 이어지며, 돈은 시대마다 새로운 얼굴을 갖게 되었습니다.

돈은 곧 신뢰이며 사회적 보장

돈의 본질은 단순한 교환 수단이 아닙니다. 돈은 신뢰의 상징입니다. 금화는 그 자체의 희소성이 신뢰를 보장했습니다. 지폐는 국가가 보증하기 때문에 사람들이 믿을 수 있었습니다. 은행 계좌 속 숫자는 우리가 은행을 믿기 때문에 가치가 있습니다.

결국, 돈이란 "우리가 무엇을 믿는가"에 따라 그 형태와 힘이 달라지는 것입니다.

디지털 시대의 돈 – 보이지 않는 가치

인터넷이 등장하면서 돈은 점점 더 비물질화되어 가고 있습니다. 지갑 속 지폐보다 스마트폰 속 숫자가 더 중요해졌습니다. 월급은 현금이 아니라 계좌 이체로 들어오고, 카드는 숫자만 오가는 기록이 되었습니다. 그러면서 사람들은 다시 묻기 시작했습니다.

"우리가 쓰는 돈은 진짜 존재하는 것일까?"
"은행 장부 속 숫자를 우리는 무조건 믿어야 할까?"

디지털화폐의 탄생 – 새로운 얼굴의 등장

2009년, 드디어 비트코인이 세상에 등장했습니다.

비트코인은 은행 없이도, 국가 없이도, 개인 간에 직접 주고받을 수 있는 디지털화폐였습니다. 그 핵심은 블록체인이라는

기술이었습니다. 누구도 장부를 독점하지 않고, 모두가 함께 기록을 지켜봅니다. 누구도 몰래 위조하거나 조작할 수 없습니다. 전 세계 어디서든 빠르고 저렴하게 송금할 수 있습니다. 비트코인은 단순한 돈이 아니라, "신뢰의 방식을 바꾼 새로운 돈"이었습니다.

국가도 주목하다 - 중앙은행 디지털화폐CBDC

비트코인이 세상을 흔들 때 쯤, 각국의 중앙은행도 움직이기 시작했습니다. "우리도 국가가 보증하는 디지털화폐를 만들어야 한다." 그 결과 등장한 것이 CBDC(중앙은행 디지털화폐)입니다. CBDC는 종이 돈 대신, 국가가 발행하는 공식 디지털화폐입니다. 은행 계좌 없이도 누구나 휴대폰 하나로 국가 화폐를 사용할 수 있습니다. 특히, 범죄나 탈세를 막기 위한 투명성이 강화된 디지털화폐입니다. 하지만 기존의 방식처럼 국가가 모든 거래를 추적할 수 있다는 우려도 있습니다.

돈의 미래 - 우리는 무엇을 믿을 것인가

돈의 역사는 곧 신뢰의 진화였습니다. 조개껍데기와 금화는 희소성을 믿었고, 지폐와 은행은 국가와 제도를 믿었으며, 디지털화폐는 이제 코드와 네트워크를 믿어야 합니다. 앞으로 돈은 더욱 보이지 않는 형태로, 그리고 더 분산된 방식으로 변해갈 것입니다.

돈의 새로운 얼굴인 디지털화폐는 우리에게 이렇게 묻습니다. "당신은 무엇을 믿고 싶습니까?" 국가와 제도의 보증을 믿을 것인가, 아니면 누구도 조작할 수 없는 코드와 네트워크를 믿을 것인가. 역사 속에서 돈은 언제나 바뀌어 왔습니다.

그리고 지금 우리는 돈의 다음 얼굴, 즉 디지털화폐를 맞이하는 문 앞에 서 있습니다.

01. 암호화폐란 무엇인가
− 화폐의 디지털 전환

암호화폐의 정의

암호화폐는 블록체인 기술 위에서 생성되고 거래되는 디지털 화폐입니다. 달러나 원화처럼 중앙은행이 발행하지 않습니다. 대신 네트워크에 참여하는 수많은 컴퓨터가 서로의 거래를 검증하고 기록합니다. 암호화폐는 다음과 같은 특징이 있습니다.

- 디지털성 → 모양·형태가 종이나 금속이 아닌 순수한 데이터입니다.
- 탈중앙성 → 특정 정부나 은행이 아니라, 분산된 네트워크가 발행·관리합니다.
- 암호학적 보안 → 거래 내역은 암호 알고리즘으로 보호되어 위조나 조작이 사실상 불가능합니다. 즉 암호화폐는 인터넷과 암호학이 결합한 새로운 화폐 시스템이라고 할 수 있습니다.

화폐의 진화: 전자화폐에서 암호화폐로

많은 사람들이 "이미 우리는 인터넷 뱅킹과 모바일 결제를 쓰고 있는데, 암호화폐가 뭐가 다르지?"라고 묻습니다. 가장 중요한 차이는 '신뢰의 방식'에 있습니다. 전자화폐는 은행이나 카드 회사 같은 중앙 기관이 거래를 보증합니다.

그러나 암호화폐는 블록체인 네트워크라는 분산된 시스템이 거래를 보증합니다. 즉 전자화폐는 여전히 '기관의 신뢰'에 의존하지만, 암호화폐는 '수학적 합의', 즉 코드에 의존합니다.

암호화폐가 가진 의미

암호화폐는 단순한 "전자돈"이 아닙니다. 그것은 돈의 본질이 무엇인지에 대한 질문, 즉 그 질문에 대한 새로운 고민을 다시 하게 합니다.

돈은 단순한 교환 수단일까?
아니면 사회적 신뢰의 상징일까?
국가가 발행하지 않는 화폐가 과연 '돈'으로 인정될 수 있을까?

이런 질문들은 단순히 경제 영역을 넘어, 정치·사회·문화 전반에 영향을 미치는 철학적 사유로 확장되고 있습니다.

과거부터 지금까지도 화폐는 늘 "누가 신뢰를 관리하는가"에 따라 그 형태를 바꾸어 왔습니다. 이제 우리는 정부나 은행이 아닌 수학적 합의와 분산 네트워크가 신뢰를 관리하는 새로운 시대에 들어서고 있습니다. 암호화폐는 단순한 금융 실험이 아니라, '신뢰의 주체가 바뀌는 역사적 사건'이라고 말할 수 있습니다.

02. 암호화폐와 코인, 무엇이 다른가?

많은 사람들이 "암호화폐cryptocurrency"와 "코인coin"을 같은 말로 쓰기도 하는데, 사실은 조금 다른 개념입니다.

암호화폐란

암호화폐cryptocurrency는 말 그대로 암호 기술을 기반으로 한 디지털화폐 전체를 가리키는 큰 범주입니다. 암호화폐의 기준을 몇 가지로 정리해 보면 암호 기술, 즉 거래를 안전하게 보호하고, 위·변조를 막는 핵심이 존재하고, 디지털 형태로 지폐나 동전처럼 손에 잡히지 않고, 네트워크 속 데이터로 존재해야 합니다.

디지털화폐의 용도도 화폐의 기능인 교환/저장가치가 있으며, 송금, 결제, 투자, 혹은 네트워크 참여 보상 등 다양하게 사용되어야 합니다. 즉 비트코인, 이더리움, 리플, 도지코인, 페페케쉬PECH 등 … 이 모든 것이 다 암호화폐라고 분류합니다.

코인Coin이란

그렇다면 코인coin은 무엇일까요? 코인은 암호화폐 중에서도 자체 블록체인 위에서 발행된 디지털화폐를 말합니다. 즉 비트코인Bitcoin은 자체 블록체인 '비트코인 네트워크' 위에서만 존재하고, 이더리움Ether, ETH도 자체 블록체인 '이더리움 네트워크' 위에서만 존재합니다.

이처럼 독립된 블록체인을 갖고 있는 화폐=코인이라고 부릅니다. 시중에 알려진 메인 넷이라고 해도 무방합니다. 즉 암호화폐를 숲이라고 표현하면, "코인은 숲 속의 나무 중, 자기 땅(자체 블록체인)을 가진 나무"라고 할 수 있습니다.

토큰Token이란

여기서 헷갈리기 쉬운 게 토큰token입니다. 토큰은 다른 블록체인 위에서 만들어진 암호화폐입니다. 예를 들어, 카카오의 클레이Klay는 자체 블록체인 코인이지만, 이더리움 블록체인 위에서 발행된 USDT(테더), AAVE, 샌드박스(SAND) 같은 건 토큰입니다. 쉽게 말해, 코인은 자기 집이 있는 화폐, 토큰은 남의 집에 세 들어 사는 화폐입니다.

쉽게 이해하기 – 암호화폐, 코인, 토큰의 비유

암호화폐〉〉자동차 전체

코인〉〉엔진까지 직접 만들어 낸 자동차(자체 기술)

토큰〉〉다른 회사 차대(엔진·차체)를 빌려 만든 자동차(응용 모델)

◇ 암호화폐, 코인과 토큰 구별 (도표)

구분	암호화폐 (Cryptocurrency)	코인 (Coin)	토큰 (Token)
정의	암호 기술로 만든 모든 디지털화폐	자체 블록체인 기반 화폐	다른 블록체인 위에서 발행된 화폐
예시	비트코인, 이더리움, 리플, USDT 등	비트코인, 이더리움, 라이트코인	USDT(테더), 유니스왑, 샌드박스
특징	가장 큰 개념(우산 개념)	독립된 네트워크와 기술 기반	응용 서비스나 프로젝트 기반

암호화폐는 전체적인 큰 이름/ 코인은 자체 블록체인에 존재하는 화폐/ 토큰은 다른 블록체인 위에 있는 화폐입니다.

03. 비트코인에서 이더리움, 그리고 리플까지
－ 디지털 생태계의 확장

　비트코인은 "탈중앙화된 디지털화폐"라는 강력한 메시지로 세상에 등장했습니다. 이후 이더리움은 스마트 계약과 분산 애플리케이션을 가능케 하며 새로운 코인세대를 열었습니다. 또한, 리플은 돈이 세계를 이동하는 방식을 바꾸려는 혁명적 시도를 가능하게 했습니다. 이 장에서는 주요 암호화폐들의 특징, 발전 과정, 그리고 그 철학적·기술적 차이를 고민해 보겠습니다.

돈은 국경을 넘을 수 있는가?
　은행을 통해 해외로 돈을 보내 본 사람이라면, 적지 않은 수수료와 며칠씩 걸리는 송금 시간을 경험했을 것입니다. 국경을 넘는 순간 돈은 마치 무겁고 느린 짐처럼 다루어집니다. 글로벌 금융망이 고도로 발전했음에도 불구하고, 국제 송금은 여전히 비효율적인 방법으로 이동하고 있습니다.

　블록체인은 이 문제를 정면으로 해결하고 있습니다. 비트코인에서 시작하여, 이더리움의 스마트 계약, 그리고 리플의 송금 네트워크까지—그 여정은 단순한 기술 발전을 넘어, 돈이 세계를 이동하는 방식을 바꾸려는 혁명적 시도가 되고 있습니다.

비트코인 – 디지털 금의 가능성

2009년 등장한 비트코인은 처음으로 탈중앙화된 디지털화폐를 현실화했습니다. 누구나 국경을 넘어 비트코인을 주고받을 수 있었고, 제3자의 개입 없이 거래가 이루어졌습니다. 하지만 비트코인은 속도(초당 7건 내외)와 수수료 문제에서 국제 송금의 대안으로 쓰기에는 한계가 있었습니다.

이더리움 – 돈을 넘어 서비스 플랫폼으로

2015년 등장한 이더리움은 단순 송금을 넘어서 스마트 계약과 분산 애플리케이션(dApp)을 구현할 수 있는 플랫폼이었습니다. 국제 송금 역시 자동화된 계약 실행, 스테이블 코인 활용, 탈중앙화 금융(DeFi) 서비스를 통해 더 빠르고 투명하게 변할 수 있는 길을 열었습니다. 하지만 이더리움 역시 네트워크 과부하와 높은 가스비(수수료) 문제를 해결해야 했습니다.

리플 - 국경 없는 송금 네트워크

리플(XRP)은 태생부터 국제 송금의 혁신을 목표로 했습니다. 리플넷(RippleNet)은 글로벌 은행과 송금 업체를 연결하는 네트워크입니다. 또한, XRP 토큰은 환율 변동과 지연을 줄이기 위해 송금 과정에서 '브리지(중개 통화)' 역할을 수행합니다.

리플(XRP) 속도는 수 초 내에 송금을 완료하며, 그에 따르는 비용은 전통적 국제 송금보다 훨씬 저렴합니다.

리플은 단순한 가상화폐라기보다, 국제 결제 시스템을 개선하는 금융 인프라로 설계되었다는 점에서 비트코인·이더리움과 다릅니다.

해외 송금 생태계의 변화

비트코인 → 기존 금융망을 거치지 않고 개인 간 송금을 가능케 했지만, 확장성 한계가 존재합니다.

이더리움 → 스마트 계약 기반의 송금 자동화와 탈중앙화 금융 서비스로 진화했습니다.

리플 → 은행과 결제업체를 직접 연결하여 국제 송금의 속도와 비용 문제를 해결하려는 실용적 접근을 하고 있습니다.

이 세 가지 흐름은 경쟁이라기보다는, 서로 다른 문제 해결 전략이라 할 수 있습니다.

블록체인이 바꾸는 글로벌 머니 플로우

비트코인은 "돈의 주권을 개인에게 돌려주려는 실험"이었으며, 이더리움은 "돈 위에 새로운 서비스를 얹을 수 있는 플랫폼"이었습니다. 리플은 "실질적인 국제 송금의 고비용·저속 문제를 겨냥한 금융 인프라"입니다.

이 세 가지 혁신이 교차하면서 우리는 지금 돈이 국경을 넘어 이동하는 방식이 근본적으로 재편되는 과정을 목격하고 있습니다. 미래의 국제 송금은 더 이상 은행 창구에서 서류를 기다리는 일이 아니라, 수 초 만에 누구나, 어디서나, 공정한 비용으로 돈의 이동이 가능해지는 세계가 다가온 것입니다.

04. 토큰이 만든 작은 경제

동네 화폐 같은 토큰

지금 한국의 여러 지방자치단체에서는 지역 화폐[2]를 발행하고 있습니다. 예를 들면, "○○사랑 상품권" 같은 이름으로, 해당 지역에서만 사용할 수 있는 돈입니다. 이 화폐는 전국 어디서나 통용되는 원화와는 달리, 지역 주민과 상인들이 함께 쓰는 작은 경제권역을 만들어가고 있습니다.

블록체인의 토큰Token이 이와 비슷합니다. 비트코인처럼 전 세계 어디서나 쓰이는 코인과 달리 토큰은 특정한 프로젝트나 커뮤니티 안에서만 의미를 갖습니다. 즉 토큰은 일종의 디지털 지역 화폐라고 할 수 있습니다.

토큰의 힘 – 참여와 보상

토큰이 흥미로운 이유는, 단순히 거래 수단을 넘어서 참여와 보상을 동시에 가능하게 한다는 점입니다. 예를 들면, 어떤 게임 회사가 "게임 토큰"을 발행하면 플레이어는 게임을 즐기면서 토

---

2) 최근에 지역 화폐 등에 관한 법률이 국회를 통과하였습니다.

큰으로 보상을 받습니다. 이 토큰은 게임 아이템을 구매하거나 다른 사람과 교환할 수 있으며, 게임 커뮤니티가 성장하면 토큰의 가치도 높아지고, 플레이어와 회사 모두가 그 성장을 공유하게 됩니다.

이처럼 토큰은 단순히 돈의 역할을 넘어서, 커뮤니티와 프로젝트의 성장 동력이 됩니다. 또한, 그 분야의 순환경제의 원동력이 되기도 합니다.

작은 경제의 탄생

토큰이 등장하면, 그 안에는 자연스럽게 작은 경제 생태계가 형성됩니다. 토큰으로 돈을 버는 사람이 있고, 토큰으로 서비스를 제공하는 사람이 있으며, 토큰의 가치를 평가하고 거래하는 시장도 따라옵니다. 예전에는 거대한 국가 경제나 글로벌 금융시스템 안에서만 이런 움직임이 가능했지만, 이제는 블록체인 기술 덕분에 작은 공동체도 자신만의 경제권을 만들 수 있게 된 것입니다.

토큰 경제의 실제 – 사례

- NFT 아티스트 커뮤니티 → 작가들이 토큰으로 작품을 판매하고, 수익을 팬과 나누고,
- DAO(탈중앙화 자율조직) → 프로젝트 참여자들이 토큰을 기반으로 투표하고 보상받습니다.
- Web3 플랫폼 → 글을 쓰거나 콘텐츠를 제공하는 사람이 토큰으로 보상을 받으며, 이처럼 토큰은 단순한 가상의 화폐가 아니라, 사람들이 모여 새로운 협력 방식을 만들어내는 촉매제가 되고 있습니다.

작은 경제 큰 변화 – 철학적 의미

토큰이 만든 작은 경제는 단순히 돈의 또 다른 형태가 아닙니다. 그것은 "누가 주인이 되는가."라는 질문에서 시작됩니다. 기존의 경제 시스템에서는 국가, 은행, 기업이 주인이었습니다. 하지만 토큰 경제에서는 참여한 모든 사람이 주인이자 운영자가 됩니다. 이 구조는 곧, 경제를 바라보는 우리의 시각을 바꿉니다. 돈은 단순히 거래의 수단이 아니라 공동체를 묶는 끈이자, 참여를 촉진하는 도구가 되는 것입니다.

토큰이 만든 작은 경제는 어쩌면 "작은 마을 시장"과 닮아 있습니다. 모두가 얼굴을 알고, 함께 규칙을 만들며, 이익을 나누는 공동체. 다만 그 무대가 달라졌을 뿐입니다. 마을을 넘어, 국경을 넘어, 이제는 전 세계의 사람들이 하나의 토큰을 중심으로 모여 새로운 경제권을 형성하고 있습니다.

토큰이 만든 작은 경제는 지금은 시험 단계일 수 있습니다. 하지만, 분명 모든 경제시스템이 '토큰 경제'에 발맞추어 진행되고 있습니다. 그리고 그 실험은 이미 미래의 경제와 사회를 바꾸는 씨앗이 되고 있습니다.

[사례연구]

토큰이 만든 작은 경제 - 게임 마을의 이야기

새로운 게임의 시작

OO은 평소 즐기던 온라인 게임에 새로운 소식이 떴다는 걸 알게 되었습니다. 이 게임은 단순히 캐릭터를 키우고 아이템을 모으는 것을 넘어, 게임 안에서 벌어들인 토큰이 실제 돈처럼 쓰일 수 있는 시스템을 도입했습니다.

플레이어가 곧 일꾼, 창작자, 상인

OO은 몬스터를 잡아 얻은 특별한 아이템은 게임 속 토큰으로 교환됩니다. 이 토큰은 단순히 게임 안에서만 가치가 있는 게 아닙니다. OO은 이 토큰으로 게임 내 옷이나 무기를 사기도 하고, 다른 플레이어에게 팔아 현금으로 바꿀 수도 있습니다. 또한 게임 속에서는 플레이어들이 직접 만든 콘텐츠가 거래되기도 합니다. ○○의 친구 ○○은 자신이 디자인한 '가상 의상'을 NFT로 등록해 판매했고, 그 수익을 토큰으로 받아 새로운 장비를 구매했습니다. 이 과정에서 ○○은 더 이상 단순한 게이머가 아니라, 작은 디지털 상인이 되었습니다.

커뮤니티의 힘 – 함께 운영하는 세계

이 게임에서 흥미로운 점은, 이 게임의 룰과 운영 방향조차도 플레이어들이 토큰을 가지고 투표로 결정한다는 것입니다.

예를 들어, 새로운 게임을 열 것인지, 게임 내 수수료를 낮출 것인지, 특별 이벤트를 진행할 것인지. 토큰을 가진 모든 플레이어는 곧 주주이자 의사결정자가 됩니다.

회사가 일방적으로 규칙을 정하는 게 아니라, 참여자 모두가 함께 운영하는 경제가 만들어지는 것입니다.

작은 경제, 큰 변화

이 게임 안에서는 이미 하나의 작은 경제 생태계가 형성되어 있습니다. 일하는 사람(몬스터를 사냥해 토큰을 얻는 플레이어)/창작자(아이템이나 콘텐츠를 제작하는 이용자)/상인(토큰을 거래하는 사람)/운영자(투표에 참여해 규칙을 만드는 플레이어)

모두가 서로 얽혀 있으며, 이 작은 경제는 점점 현실과 통용되는 가치를 창출하고 있습니다.

토큰의 작은 경제의 철학적 울림

00은 문득 깨달았습니다. "예전에는 회사가 모든 걸 정하고, 우리는 소비자일 뿐이었지. 하지만 이제는 내가 곧 주인이고, 내 활동이 곧 경제적 가치를 만든다." 이처럼 토큰이 만든 작은 경제는 단순한 가상 게임의 재미를 넘어, 참여자 모두가 주인인 경제 모델을 보여주고 있습니다.

이 이야기는 단순히 게임 속에서 벌어진 일이 아닙니다. 토큰은 음악, 미술, 지역 공동체, 환경 프로젝트 등 다양한 영역에서 이미 작은 경제 생태계를 만들고 있습니다. 그 경제는 때로는 실험적이고, 때로는 불완전하지만, 분명한 것은 한 가지입니다. 이처럼 토큰 경제가 주는 시사점은 "경제는 반드시 국가나 거대 기업만이 만드는 것이 아니다"라는 사실을 증명하고 있다는 것입니다.

05. 토큰 경제의 작동 원리

토큰 경제는 디지털 토큰을 매개로 사람들의 참여·기여를 유도하고 그 대가를 분배하는 경제 시스템입니다. 쉽게 말해, 온라인 공동체나 플랫폼 안에서 활동한 만큼 보상을 받는 구조입니다. 과거에는 돈(현금)이 거래의 기본 단위였다면, 블록체인 시대에는 토큰이 그 역할을 대신하며, 거래·참여·기여 모두가 데이터로 기록되고 가치로 환산되어집니다.

핵심 작동 원리

- 발행(Issuance)

프로젝트나 플랫폼은 고유 토큰을 발행합니다. 이 토큰은 화폐, 주식, 포인트, 투표권 등 다양한 역할을 겸할 수 있습니다.

- 분배(Distribution)

참여자(사용자, 개발자, 투자자 등)는 기여 정도에 따라 토큰을 분배받습니다. 예를 들면, 블록체인 네트워크 유지에 필요한 채굴자/검증자에게 토큰 보상을 지급합니다.

• 활용(Utility)

토큰은 생태계 안에서 모든 사용자에게 사용할 수 있는 권리를 줍니다. 거래 수수료 지불/서비스 접근권/거버넌스 참여(투표)/NFT/콘텐츠 구매에 필요한 서비스를 제공합니다.

• 가치 상승(Value Creation)

플랫폼에 참여자가 늘고 생태계가 성장할수록 토큰 수요가 커집니다. 공급이 제한되어 있다면 희소성이 생겨 토큰의 시장 가치가 상승할 수 있습니다.

• 거버넌스(Governance)

많은 토큰 경제에서는 토큰 보유자가 프로젝트 운영 방향에 대해 투표권을 행사합니다. 즉 단순한 소비자가 아니라 공동 소유자·의사결정자가 되는 구조입니다.

사례로 보는 토큰 경제

비트코인 → 네트워크 보안(채굴, 검증)에 기여한 이들에게 토큰 보상 제공하고 있으며, 이더리움은 스마트 계약 실행에 필요한 '가스비'를 ETH로 지불합니다.

DeFi 플랫폼에서는 유동성을 공급한 사람에게 토큰 보상 → 이후 거버넌스 투표 가능하도록 설계되었으며, NFT 생태계 → 창작자는 작품을 NFT로 발행하고, 구매자는 토큰으로 거래할 수 있도록 했습니다.

장점과 과제

장점 → 참여 유인 강화 → 네트워크가 자율적으로 성장하도록 → 투명한 보상 분배 → 탈중앙화된 거버넌스을 기반으로 진행하고 있습니다.

과제(해결점) → 투기적 버블 발생 위험 → 토큰 가치 변동성 → 법적·제도적 불확실성을 보완해야할 과제(위험성)입니다.

06. 스마트 계약-약속을 지켜주는 코드

약속 – 사회적 계약

약속을 믿기 어려운 세상에서 우리는 매일 수많은 약속을 합니다. 집을 빌릴 때는 집주인과 세입자가 계약서를 씁니다. 물건을 살 때는 돈을 주고, 물건을 받기로 약속합니다.

회사에서는 급여를 주겠다는 고용 계약이 있습니다. 그런데 이 약속은 늘 누군가의 신뢰에 의존합니다. 집주인이 보증금을 떼먹을 수도 있고, 거래 상대가 물건을 보내지 않을 수도 있으며, 회사가 급여를 제때 지급하지 않을 수도 있습니다.

그래서 우리는 변호사, 공증인, 은행 같은 중개자를 끼워 넣어 안전을 확보합니다. 하지만 이 과정에서 시간과 비용이 늘어나고, 때로는 불공정한 권력이 생겨납니다.

"코드가 약속을 지킨다면?"

이때 등장한 것이 바로 스마트 계약Smart Contract입니다. 스마트 계약은 변호사나 은행 대신, 컴퓨터 코드가 약속을 자동으로 지켜주는 시스템입니다.

예를 들어, "A가 1만 원을 보내면, B는 즉시 상품권을 전송한다." "매달 1일, 자동으로 임대료가 집주인에게 송금된다." 이 규칙은 블록체인 위에 기록되며, 누구도 함부로 바꿀 수 없습니다. 즉 약속을 어길 수 없는 약속, 그것이 스마트 계약입니다.

스마트 계약 일상 속 – 예시

00씨는 프리랜서 디자이너입니다. 해외 클라이언트에게 로고 디자인을 의뢰받았는데, 예전 같으면 이런 불안이 있었습니다.

"내가 시안을 보내면 돈을 안 주면 어떡하지?"

"돈을 받기 전엔 결과물을 보내기 찜찜한데…"

하지만 스마트 계약을 활용하면 다릅니다.

클라이언트가 먼저 토큰을 계약 계정에 예치합니다. 00씨가 작업을 제출하면, 코드가 자동으로 대금을 00씨에게 송금합니다. 만약 기한 내 제출이 없으면, 돈은 자동으로 클라이언트에게 돌아갑니다. 여기서 중요한 것은, 이 모든 과정이 사람의 개입 없이 코드에 의해 자동 실행된다는 점입니다.

중개자가 사라지는 순간

스마트 계약은 "중개자 없는 신뢰"를 가능하게 합니다. 은행 없이도 자동 송금/변호사 없이도 계약 보증/플랫폼 없이도 거래가 성립됩니다. 이 과정에서 비용과 시간이 줄고, 신뢰는 더 공정해집니다. 물론 아직 기술적 한계와 법적 과제가 있지만, 스마트 계약은 이미 금융, 부동산, 게임, 예술 등 다양한 영역에서 작동되고 있습니다.

신뢰의 재발명 – 철학적 의미

스마트 계약이 주는 메시지는 단순합니다. "신뢰를 사람에게 두지 말고, 시스템에 맡기자." 이는 인간 사회가 오랫동안 추구해 온 이상과도 닿아 있습니다. 권력자의 말이나 중개자의 권위가 아니라 투명한 규칙과 공유된 시스템이 신뢰를 보장하는 사회, 즉 스마트 계약은 블록체인 철학의 핵심인 탈중앙화, 투명성, 공정성을 가장 직접적으로 보여주는 과학혁명이라고 할 수 있습니다. 하지만 우리는 여전히 "사람을 믿을 것인가, 시스템을 믿을 것인가"라는 질문 앞에 서 있습니다. 스마트 계약은 이 질문에 새로운 답을 던집니다. "사람은 실수하고, 권력은 흔들리지만, 코드와 네트워크는 약속을 잊지 않는다." 그리고 그 순간, 약속은 더 이상 불안한 말이 아니라, 깨지지 않는 코드가 된다는 사실입니다.

07. 스마트 계약이 바꾸는 사회 제도

투표 – 조작 없는 민주주의

오늘날 선거는 여전히 사람의 손에 크게 의존합니다.

매 선거 때마다 투표함을 관리하는 공무원/개표를 감독하는 위원회/최종 결과를 발표하는 중앙 관리 기관. 하지만, 때때로 "조작 논란"이 불거지고, 결과에 대한 불신이 커지기도 합니다. 요즘 길거리에 붙은 플래카드를 보면 얼마나 투표에 대한 사회적 불신이 큰 가를 가늠할 수 있습니다.

만약 투표가 스마트 계약으로 진행된다면, 유권자가 투표를 하면, 그 기록은 블록체인에 즉시 저장됩니다. 누구도 뒤에서 조작할 수 없고, 필요시, 모든 유권자는 투표 내역을 검증할 수 있습니다.

투·개표는 실시간으로 집계되어, 몇 시간씩 기다릴 필요가 없습니다. 이 경우 선거는 단순히 제도의 절차가 아니라, 신뢰의 기술이 됩니다.

보험 – 자동으로 지급되는 보상

보험 행사 시, 보험금을 청구하는 과정은 복잡합니다. 서류 제출, 심사, 승인이 이루어져야 하고, 그 과정에서 분쟁도 자주 발생합니다. 스마트 계약 기반의 보험은 다릅니다.

예를 들어, 항공 지연 보험을 생각해 봅시다. 만약 항공기가 2시간 이상 늦어지면, 항공사 시스템이 자동으로 그 정보를 블록체인에 전달하고, 스마트 계약은 즉시 고객에게 보상금을 지급합니다. 이 과정에는 별도의 청구 절차도, 회사의 재량도 필요 없습니다. 즉 "조건 충족 → 자동 보상"이라는 단순하고 투명한 구조로 고객에게 지급됩니다.

행정 서비스 – 중개 없는 공증과 증명

우리는 생활 속에서 다양한 공적 증명을 요구받습니다. 졸업장, 자격증, 토지 등기, 혼인 신고 등. 특히 외국에서 학위를 마친 사람들에게는 별도의 아포스티유(증서)가 필요치 않습니다. 지금은 대부분 관공서나 기관을 통해 확인해야 하고, 서류 위조 문제가 끊이지 않습니다. 하지만, 스마트 계약을 활용하면, 졸업장이 블록체인에 등록되어 있으면, 위조가 불가능합니다. 부동산 거래도 조건이 충족되면 자동으로 소유권 이전이 실행됩니다. 혼인 신고 같은 행정 절차도 중개자 없이 즉시 법적 효력을 가집니다. 즉 행정 서비스가 더 빠르고 투명하며, 위·변조 불가능한 시스템으로 바뀌게 됩니다.

복지와 기부 – 공정하게 전달되는 자원

복지 예산이나 기부금은 종종 중간에서 사라지거나, 불투명하게 사용되고 있습니다. 이는 사회적 문제이고 병폐입니다. 우리가 스마트 계약 기반의 복지 시스템을 상상해 봅시다.

정부가 지급하는 아동 수당이 특정 조건(예: 18세 미만 자녀 등록)에 맞으면 자동으로 지급됩니다.

기부금은 목적에 맞게 사용될 때마다 블록체인에 기록되고, 모든 기부자가 확인할 수 있습니다. 이로써 복지와 기부는 더 이상 불투명한 제도가 아니라, 누구나 검증 가능한 신뢰 시스템이 됩니다.

사회 제도의 자동화와 공정성 – 철학적 의미

스마트 계약은 단순히 기술의 편리함을 넘어서, 제도의 신뢰 구조 자

체를 바꾸는 혁신입니다.

　과거: 제도의 신뢰는 사람(공무원, 기관, 권위자)에 의존.

　미래: 제도의 신뢰는 시스템(블록체인, 코드)에 의존.

　이는 곧 "신뢰의 민주화"라고 부를 수 있습니다. 소수가 제도를 독점하는 것이 아니라, 모두가 참여하고 검증할 수 있는 분산된 사회 계약으로 나아가는 것입니다.

　만약 스마트 계약이 사회 제도에 스며든다면, 우리는 더 이상 "이 제도가 제대로 작동할까?"라는 불안에 사로잡히지 않아도 될 것입니다.

　투·개표는 조작이 불가능하고/ 보험은 자동으로 보상되며/ 행정은 위조 불가능하고/ 복지는 공정하게 전달됩니다. 스마트 계약은 단순히 코드를 넘어, "더 투명하고, 더 공정한 사회"를 향한 새로운 도구가 되어 갈 것입니다.

08. NFT, 그림에서 부동산까지 확장되는 디지털 자산

NFT란 무엇인가?

NFT는 영어로 Non-Fungible Token(대체 불가능 토큰)의 줄임말입니다. 여기서 중요한 말은 "대체 불가능"입니다. 그렇다면 대체 가능한 것Fungible은 지폐나 비트코인처럼 똑같은 단위끼리 서로 교환이 가능한 것(내가 가진 1만 원과 네가 가진 1만 원은 똑같습니다)을 나타내고, 대체 불가능한 것Non-Fungible은 세상에 단 하나뿐인 고유한 것(예를 들어, 모나리자 원본 그림은 교환할 수 있는 다른 것이 없습니다)을 나타냅니다.

NFT는 디지털 세상에서 "고유성"과 "소유권"을 증명해 주는 기술입니다. 즉 JPG나 MP3 같은 디지털 파일도 NFT로 발행하면 "이 파일의 원본 소유자는 누구인지"

를 블록체인에 영구히 기록할 수 있습니다.

NFT와 예술 – 디지털 그림의 가치

오랫동안 디지털 그림이나 음악은 쉽게 복제되고 공유될 수 있었습니다. 그래서 창작자들이 정당한 대가를 받기 어려웠습니다. NFT는 이 문제를 해결했습니다. 한 아티스트가 디지털 그림을 NFT로 발행하면 그 그림의 원본 소유권은 블록체인에 기록됩니다. 아무리 많은 복제본이 돌아다녀도 원본의 가치는 NFT 소유자에게만 있습니다.

NFT와 예술 – 사례

2021년 디지털 아티스트 비플(Beeple)의 작품이 NFT 형태로 약 6,900만 달러(약 800억 원)에 판매되었습니다. 이 사건은 "디지털 예술도 실물 예술만큼 가치 있을 수 있다"는 충격을 주었습니다.

NFT와 수집품, 게임

NFT는 예술을 넘어 게임과 수집품 시장에도 빠르게 확산되었습니다. 블록체인 게임에서는 아이템이나 캐릭터가 NFT를 발행합니다. 즉 플레이어는 아이템을 단순히 '빌려 쓰는 것'이 아니라 진짜 소유할 수 있습니다.

농구, 축구 같은 스포츠에서는 선수 카드가 NFT로 발행되어 팬들이 소장하거나 거래할 수 있습니다. 한편, NFT는 디지털이지만 희소성과 소유권이 보장되니 실제 카드처럼 가치가 발생합니다.

NFT와 부동산 – 가상과 현실의 만남

NFT는 이제 부동산 분야로 확장되고 있습니다. 가상 부동산(메타버스)은 가상 세계인 '디센트럴랜드(Decentraland)', '더 샌드박스(The Sandbox)' 같은 메타버스 플랫폼에서는 토지와 건물이 NFT로 거래됩니다. 토지거래 이용자는 이 땅을 구매해 건물을 짓거나, 광고를 하거나, 이벤트를 열 수도 있습니다. 2021년에는 실제로 가상 토지가 수십억 원에 거래된 사례도 있습니다.

현실 부동산에서는 일부 스타

트업과 프로젝트는 아파트나 토지 같은 실제 부동산 소유권을 NFT로 분할 후 발행하여 거래를 하고 있습니다.

예를 들어, 고가의 건물을 여러 개의 NFT로 나누어 발행하면, 투자자들은 소액으로도 건물 지분을 소유할 수 있습니다. 이는 전통적인 부동산 투자 방식을 혁신적으로 바꾸는 계기를 만들어 가고 있는 중입니다.

디지털 자산 시대의 의미

NFT가 던지는 메시지는 단순합니다.
"디지털 세상에서도 소유권은 존재한다."
예를 들면, 예술 분야에서는 디지털 그림도 소유할 수 있고, 가치를 인정받을 수 있습니다. 게임의 아이템은 더 이상 게임 회사의 것이 아니라, 플레이어의 것이 되는 것입니다. 부동산도 현실과 가상 모두에서 NFT는 소유권 증명서 역할을 하고 있습니다. 즉 NFT는 단순한 기술을 넘어 소유·가치·경제 활동의 개념을 디지털 세상 전체로 확장하고 있는 중입니다.

NFT는 처음에는 디지털 그림과 예술품으로 시작했지만, 지금은 게임, 스포츠, 음악, 부동산, 심지어 신분증과 학위 증명 같은 영역까지 확장되고 있습니다. 결국 NFT는 "디지털 자산의 시대"를 여는 열쇠입니다. 그것은 복제가 넘쳐나는 인터넷 세상에서 "누가 진짜 주인인가"를 증명해 주는 새로운 언어이자 도구가 될 것입니다.

09. NFT가 열어가는 미래 사회의 하루

아침 – NFT가 된 신분증과 학위증

OO씨는 출근길에 지갑을 챙기지 않습니다. 스마트폰 안의 디지털 지갑(NFT Wallet)이 그의 모든 신분을 대신하기 때문입니다. 주민등록증, 운전면허증, 심지어 대학 졸업장까지 NFT 형태로 등록되어 있어 위조가 불가능합니다. 회사 출입구에서는 블록체인 네트워크를 통해 본인 인증이 즉시 완료됩니다. 더 이상 복잡한 서류 제출이나 위조 논란은 없습니다.

낮 – NFT로 운영되는 직장과 경제

OO씨는 글로벌 프리랜서 플랫폼에서 프로젝트 계약을 맺습니다. 과거라면 계약서를 쓰고 변호사를 거쳐야 했지만, 지금은 스마트 계약과 연결된 NFT 토큰이 모든 걸 대신합니다. 프로젝트가 완료되면 보수는 자동으로 NFT 토큰으로 지급됩니다.

그 토큰은 다시 다른 서비스나 은행 계좌로 전환이 가능합니다. 거래는 빠르고 투명하며, 누구도 약속을 어길 수 없습니다. 점심에는 회사 동료와 함께 가상 부동산 NFT로 운영되는 "메타버스 카페"에 접속합니다. 그곳은 현실의 건물주가 아닌, 전 세계 수백 명의 사람들이 토큰을 나눠 가진 공동 건물입니다. 광고 수익과 임대료는 자동으로 NFT 지분에 따라 나누어집니다.

오후 – 문화와 여가의 새로운 풍경

퇴근 후, OO씨는 좋아하는 뮤지션의 온라인 콘서트에 참여합니다. 티켓은 NFT 입장권으로 발행되어 암표나 위조의 걱정이 없습니다. 더 놀라운 건 그가 산 티켓이 단순한 입장권이 아니라, 콘서트 후에도 팬 커뮤니티 참여권과 새로운 곡의 수익 분배권까지 포함되어 있다는 점입니다. 즉 OO씨는 단순한 '관객'이 아니라, 뮤지션 활동의 공동 후원자이자 투자자가 된 것입니다.

저녁 – 예술과 소장품의 새로운 가치

OO씨는 저녁 시간에 디지털 갤러리에 접속합니다. NFT 예술 작품 전시회가 열리고 있는데, 작품들은 디지털 공간에서 실시간으로 거래되고, 작가들은 중간 수수료 없이 직접 수익을 얻습니다. 그는 최근 구입한 NFT 그림을 집 거실의 홀로그램 액자에 띄워둡니다.

이제 예술은 단순히 감상의 대상이 아니라, 내가 소유하고 증명하며, 가치가 올라갈 수 있는 디지털 자산이 되었습니다.

밤 – NFT로 이어지는 커뮤니티와 정치

잠들기 전 00씨는 지역 커뮤니티 APP에 접속합니다. NFT 기반 투표가 진행 중이었는데, 주제는 "지역 도서관에 새 전자책 구독 서비스를 추가할 것인가"입니다.

그는 NFT 커뮤니티 토큰을 통해 의사결정에 참여합니다. 이제 지역 민주주의도 더 이상 회의실 안의 소수만이 결정하는 것이 아닙니다. NFT 토큰이 곧 시민권이 되고, 투표는 블록체인 위에서 투명하게 집계됩니다.

NFT 사회의 철학적 의미

NFT가 확산된 사회에서는 나의 신분, 학력, 자격은 위조 불가능한 디지털 자산이 되고, 내가 좋아하는 예술·문화는 단순한 소비가 아니라 공동 소유가 되며, 경제와 정치 역시 참여자 모두의 권리와 책임으로 운영됩니다.

NFT는 단순한 기술 혁신이 아닙니다. 그것은 "소유"와 "참여"를 다시 정의하는 문명적 전환입니다. 우리는 이미 그 미래의 문 앞에 서 있습니다.

10. 거래소와 지갑, 새로운 금융 생태계

암호화폐를 거래하고 보관하는 거래소와 지갑은 블록체인 경제의 관문입니다. 그러나 해킹, 보안, 규제 문제 등 위험도 뒤따릅니다. 이 장에서는 중앙화 거래소와 탈중앙화 거래소(DEX)의 차이, 핫월렛(HotWallet)과 콜드월렛(ColdWallet)[3]의 특징을 비교하며, 새로운 금융 생태계를 이해할 수 있습니다.

돈을 담는 방식이 바뀌다

우리는 지갑을 떠올리면 가죽 지갑, 신용카드, 은행 앱APP을 생각합니다. 그러나 블록체인 시대에는 돈을 담는 방식 자체가 달라집니다. 바로 디지털 지갑(Wallet)과 거래소(Exchange)입니다. 우선, 지갑은 나의 토큰과 디지털 자산을 담는 공간이며, 거래소는 그것을 사고 팔 수 있는 장터[4]입니다. 즉 지갑=금고, 거래소=시장의 역할을 합니다.

---

3) 핫월렛은 사용자 친화적이며, 암호화폐 거래소와 연결되는 경우가 많고, 콜드월렛 보다는 보유자산을 더 쉽게 전송할 수 있습니다. 하지만, 콜드월렛은 매우 안전합니다.
4) 유가증권 거래소와 비슷합니다.

지갑Wallet: 나의 디지털 금고

• 개인 지갑의 구조

블록체인 지갑은 실제로는 암호키(개인키, Public/Private Key)를 보관하는 시스템입니다.

공개키(Public Key) → 은행 계좌번호처럼 누구나 알 수 있으며, 개인키(Private Key) → 도장·비밀번호 같은 역할, 절대 노출되면 안 됩니다.

지갑Wallet의 종류

핫월렛(Hot Wallet)은 인터넷에 연결된 지갑. 편리하지만 해킹 위험이 있고, 콜드월렛(Cold Wallet)은 오프라인 지갑. USB 같은 하드웨어 지갑에 보관해 안전하지만 불편합니다.

지갑Wallet의 의미

지갑은 단순한 보관소가 아니라, 블록체인 세계에서는 나의 정체성(ID)과 권리를 담는 핵심 도구가 됩니다.

거래소: 새로운 금융의 장터

• 중앙화 거래소(CEX)

예: 업비트, 코인베이스, 바이낸스 → 편리하지만, 은행처럼 중앙 운영자가 자산을 보관합니다.

장점: 빠른 거래, 사용자 친화적 인터페이스.

단점: 해킹·운영자 리스크, 규제 위험이 따릅니다.

• 탈중앙화 거래소(DEX)

예: 유니스왑, 스시스왑 → 누구도 중앙에서 통제하지 않고, 스마트 계약으로 자동 운영됩니다.

사용자가 자신의 지갑에서 직접 거래 → 자산을 맡길 필요 없다는 장점이 있습니다.

단점: 사용 난이도 높음, 거래 속도와 비용에 대한 이슈가 있습니다.

새로운 금융 생태계의 확장

블록체인 지갑과 거래소는 단순히 암호화폐 매매 도구에 그치지 않습니다. 그것은 새로운 금융 생태계의 뿌리가 됩니다.

DeFi(탈중앙화 금융) → 은행 없이도 대출·예금·보험 가능합니다.

NFT 거래 → 디지털 아트, 음악, 부동산까지 토큰으로 사고팔기가 쉬워집니다.

글로벌 송금 → 국가 경계를 넘어 수수료 최소화되고, DAO(자율조직) → 지갑으로 투표, 의사결정 참여할 수 있습니다.

지갑과 거래소가 여는 미래

앞으로 지갑은 단순히 돈을 보관하는 도구가 아니라, 디지털 신분증(DID) 투표권·거버넌스 참여 도구(DAO)로 역할을 하면서, 개인 데이터 금고로 발전할 것입니다. 거래소는 점차 은행, 증권사, 플랫폼을 대체하면서 새로운 글로벌 금융 인프라로 자리 잡아 나갈 것입니다.

지금도, 미래에도 "지갑"과 "거래소"는 단순히 암호화폐를 다루는 도구가 아닙니다. 그것은 금융의 주도권을 개인에게 돌려주고, 전 세계가 연결된 하나의 시장을 가능케 하는 기반입니다. 은행 창구와 지점이 필요 없는 세상, 나의 스마트폰 지갑이 곧 나의 은행이 되는 세상. 이것이 바로 블록체인 시대의 새로운 금융 생태계입니다.

11. 암호화폐와 ICO 미래

암호화폐, 화폐의 새로운 진화

화폐는 늘 변화를 거듭해 왔습니다. 조개껍데기와 금속화폐, 지폐, 신용카드, 모바일 결제에 이어 이제는 암호화폐(Cryptocurrency)가 등장했습니다.

비트코인은 '국가나 은행이 개입하지 않는 새로운 돈'의 가능성을 열었고, 이더리움은 돈을 넘어 '계약과 프로그램'을 담을 수 있는 플랫폼으로 확장했습니다.

그리고 암호화폐는 단순한 결제 수단이 아니라, 디지털 경제 생태계를 지탱하는 에너지로 자리 잡아가고 있습니다.

ICO: 새로운 자본 조달 방식

ICO(Initial Coin Offering)는 블록체인 시대의 공개 자금 모집 방식입니다. 과거에는 기업이 성장하기 위해 주식시장에서 IPO를 진행했다면, 블록체인 기업은 토큰을 발행해 투자자에게 판매하며 자금을 모을 수 있습니다.

이 과정에서 투자자는 토큰을 얻고, 기업은 개발·운영 자금을 확보합니다.

장점 → 누구나 글로벌 차원에서 쉽게 참여 가능, 빠르게 자금을 조달할 수 있으며, 단점 → 규제 부재로 인해 사기·투기 사례 다수 발생할 수 있습니다.

ICO 이후의 진화: STO와 IEO

지난 몇 년 동안, ICO의 무분별한 확산은 신뢰 위기를 낳았습니다. 그래서 새로운 형태들이 등장하고 있습니다.

IEO(Initial Exchange Offering) → 거래소가 중개 → 신뢰성을 강화하고,

STO(Security Token Offering) → 주식·채권 같은 실물 자산을 토큰화해 증권법 테두리 안에서 발행할 수 있도록 하며, 이러한 변화는 단순한 자금 조달을 넘어, 자산의 디지털화·토큰화라는 더 큰 흐름과 연결되어 새로운 생태계를 구축하는 중입니다.

암호화폐와 ICO가 여는 미래

• 글로벌 금융 민주화

은행 계좌 없는 사람도 스마트폰 지갑만 있으면 투자·거래 가

능하며, 자본에 대한 접근성이 전 지구적으로 평등해집니다.

・산업 전반의 토큰화

부동산, 미술품, 음악 저작권까지 쪼개서 토큰화가 가능하며, 소수 엘리트의 독점 자산을 다수가 공유·투자할 수 있게 됩니다.

・규제와 제도권 편입

각국 정부와 국제기구는 점점 ICO·암호화폐를 제도권 안으로 끌어들이고 있습니다. 미래의 ICO는 '무법지대'가 아니라, 투명성과 신뢰를 갖춘 합법적 제도로 자리 잡을 가능성이 매우 큽니다.

블록체인 경제와 홍익정신

자본 조달의 민주화는 곧 "널리 인간을 이롭게 한다."는 가치와 맞닿아 있습니다. 소수 자본가의 독점이 아니라, 다수 시민의 참여와 이익 공유를 가능하게 하는 게 홍익인간 정신과 연결되어 있습니다.

암호화폐의 도전과제

투기적 거품 → 가격 급등락, 단기 차익 추구 문제/규제 불확실성 → 국가마다 상이한 규제, 국제적 충돌/신뢰 회복 → ICO 사기 사건 이후, 프로젝트의 투명성과 지속 가능성 확보 필요합니다.

또한, 암호화폐와 ICO는 아직 미완의 실험 단계에 있습니다. 그러나 그 안에 담긴 철학은 분명합니다. 첫 번째, 자본 조달의 민주화, 두 번째, 자산 소유권의 분산, 세 번째, 글로벌 참여와 투명성 등 이러한 흐름은 결국 "디지털 금융 생태계의 재편"으로 이어질 것이며, 미래의 경제는 점점 더 블록체인 기반의 분산적 토큰 경제로 옮겨갈 것입니다.

12. CBDC[5]와 스테이블코인[6] – 디지털화폐의 두 얼굴

돈의 새로운 여정

돈은 늘 시대의 얼굴을 닮아왔습니다. 농경사회에서는 곡식이, 산업사회에서는 금과 지폐가, 그리고 정보화 시대에는 카드와 온라인 뱅킹이 그 얼굴을 대신했습니다. 이제 우리는 "완전히 디지털화된 돈"을 눈앞에 두고 있습니다. 그것이 바로 CBDC(중앙은행 디지털화폐)와 스테이블코인Stable Coin입니다.

겉으로 보기에는 모두 "디지털 돈"이지만, 그 속에는 국가와 민간, 권력과 자유, 통제와 혁신이 얽힌 복잡한 이야기가 숨어 있습니다.

---

[5] 중앙은행 디지털화폐(CBDC)는 중앙은행을 뜻하는 'Central Bank'와 디지털화폐'Digital Currency를 합친 용어로, 실물 명목화폐를 대체하거나 보완하기 위해 각국 중앙은행이 발행한 디지털화폐를 뜻한다. 네이버 지식백과,2025.

[6] 스테이블코인은 미국 달러, 유로, 금 등 실물자산이나 법정화폐에 가치를 1:1로 연동해 가격변동성을 최소화 하도록 설계된 암호화폐를 의미합니다.

CBDC, 국가가 만든 디지털 현금

CBDC는 국가가 발행하고 보증하는 공식적인 디지털화폐입니다. 지갑 속 현금과 같은 가치를 가지지만, 블록체인이나 중앙은행의 전산망을 통해 유통됩니다. 중국은 이미 디지털 위안을 시범 운영하며 미국 달러 중심 금융질서에 도전하고 있습니다.

또한, 유럽중앙은행도 디지털 유로를 준비하면서, 회원국들이 글로벌 금융에서 뒤처지지 않도록 CBDC 개발에 속도를 내고 있습니다. 디지털화폐 CBDC의 매력은 명확합니다. 우선, 불법 자금을 추적할 수 있고, 경제 위기 상황에서는 실시간으로 통화량을 조절할 수도 있습니다.

하지만 동시에, 모든 거래가 국가 시스템에 기록된다는 점에서 프라이버시 침해 우려도 커지고 있습니다. '편리한 디지털 현금'과 '빅브라더의 눈' 사이, 우리는 디지털화폐를 어디까지 허용할 수 있을까요?

스테이블코인, 민간이 만든 디지털 달러

스테이블코인은 달러나 금 같은 자산과 가치가 연동되어 발행하는 민간 발행 디지털 자산입니다. 암호화폐 거래소에서 가장 많이 쓰이는 "디지털 달러"라고 생각하면 쉽습니다. 즉 테더(USDT), USDC 같은 스테이블코인은 전 세계 암호화폐 거래의 70% 이상을 차지합니다.

스테이블코인의 송금 속도는 몇 분이면 충분하고, 은행의 중개 수수료도 필요하지 않습니다. 하지만 빛이 있으면 그림자도 있습니다. 민간발행 기업이 약속한 준비금을 제대로 보관하지 않으면, 디지털화폐 가치가 무너질 수 있습니다.

2022년의 테라-루나 사태처럼, 알고리즘 기반 스테이블코인은 하루아침에 휴지조각이 되기도 했습니다. 그럼에도 불구하고 스테이블코인은 여전히 민간이 만든 글로벌 결제 인프라로 자리 잡아가고 있습니다.

실제 사례, 두 화폐의 국제적 파워게임

2020년대 초, 중국은 디지털 위안(e-CNY)을 시범적으로 도입했습니다. 베이징 올림픽에서는 외국인 선수와 관광객들이 디지털 위안으로 호텔 숙박비와 식사를 결제할 수 있었습니다. 이는 단순한 편의가 아니라, 달러 중심 결제 시스템(SWIFT)에 대한 대안 실험이었습니다.

반면 미국은 직접적인 CBDC 대신 달러 기반 스테이블코인 규제에 집중했습니다. 흥미로운 점은, 민간이 발행한 스테이블코인이 결과적으로 "달러 패권을 더 강하게 만드는 도구"로 작동하고 있다는 사실입니다. 즉 한쪽에서는 국가가 나서서 화폐를 '디지털 전환'하고, 다른 쪽에서는 민간이 새로운 시장을 개척하고 있으며, 그 과정에서 정치적 패권 경쟁이 더욱더 치열해지고 있습니다.

우리는 어떤 선택을 할까?

CBDC와 스테이블코인의 미래는 단순히 기술의 문제가 아닙니다. 그것은 국가와 사회가 어떤 가치를 더 중시할 것인가의 문제입니다.

우리는 편리함과 안전을 위해 거래가 모두 추적되는 사회를 받아들일 것인가, 아니면 자유와 혁신을 선택하며, 때때로 민간에 의한 불안정성을 감수할 것인가?

디지털화폐의 여정은 결국 우리 모두의 선택과 연결되어 있습니다. 돈의 얼굴이 달라질 때, 우리의 삶과 자유 역시 새로운 질문 앞에 서게 될 것입니다.

3장
블록체인이 바꾸는 산업

01. 금융: 은행 없이 돈을 빌리고 굴리다 · 107
02. 유통: 내가 산 커피가 어디서 왔는지 아는 세상 · 111
03. 문화: 음악 · 미술 · 게임 속 새로운 경제 · 115
04. 공공 시스템과 교육, 신뢰의 사회 시스템 만들기 · 119
05. 블록체인, 헬스케어와 의료 혁신
-진료기록 · 의약품 · 맞춤형 치료 · 123
06. 블록체인과 헬스케어, 환자 중심의 신뢰 혁명 · 127
07. 환경과 기후, 블록체인과 탄소배출권, 지속가능성 · 131
08. 공공행정 혁신: 투표 · 토지 등기 · 신분증의 미래 · 135

『이제 블록체인은 산업 전반으로 영역확장을 진행하고 있습니다. 금융, 유통, 문화, 교육은 물론 의료, 환경, 행정까지를 넘어 우리가 마시는 커피, 우리의 진료기록, 우리의 투표권이 블록체인 위에서 새롭게 조직됩니다. 그리고 경제는 기술을 통해 투명성과 참여의 길로 향하고 있습니다.』 -본문 요약

블록체인이 바꾸는 산업

우리는 지금 거대한 전환의 문턱에 서 있습니다. 인류가 처음 증기기관을 받아들였을 때 세상은 산업혁명으로 재편되었고, 인터넷이 일상 속에 들어왔을 때 우리의 경제와 문화는 새로운 차원으로 확장되었습니다. 이제 또 하나의 기술, 블록체인이 산업 전반을 흔들고 있습니다.

많은 사람들은 블록체인을 단지 비트코인이나 암호화폐와 같은 '투자 수단' 정도로만 생각하고 있습니다. 그러나 그 본질은 훨씬 더 깊고, 다양합니다. 분명 블록체인은 '신뢰'를 새롭게 재정의하고 있습니다. 블록체인은 거래와 기록을 특정 기관이나 권력자에게 의존하지 않고, 모두가 함께 공유하고 검증하는 방식으로 만들어 내는 기술입니다. 바로 이 원리가 산업과 경제 구조를 근본적으로 바꿀 힘을 지니고 있는 것입니다.

예를 들면, 금융에서 블록체인은 '은행 없는 은행'을 가능하게 하고, 유통 산업에서는 '투명한 공급망'을 구현하게 합니다. 또한, 예술과 문화에서는 창작자가 자신의 작품을 직접 소유하고 판매할 수 있는 새로운 창작 생태계를 열어 주고 있습니다. 나아가 교육, 의료, 행정 분야까지 블록체인의 물결은 번져가며, 인간 사회의 신뢰 시스템 자체를 다시 짜고 있는 중입니다.

이 변화는 단순히 기술 혁신에 그치지 않고 있습니다. 그것은 우리가 어떻게 일하고, 소비하고, 연결되는지를 바꾸는 문명의 재구성 과정이기도 합니다. 블록체인이 바꾸는 산업은 단편적인 변화가 아니라, 기존 자본주의의 틀을 넘어서는 새로운 경제·사회 모델을 시작하고 있는 것입니다.

우리가 이번 장에서 살펴볼 것은 바로 그 이야기들입니다. 블록체인이 어떻게 금융, 유통, 문화, 교육과 공공 분야를 변화시키고 있으며, 앞으로 어떤 가능성과 도전을 안고 있는지를 함께 따라가 보겠습니다.

01. 금융: 은행 없이 돈을 빌리고 굴리다

은행 없는 은행의 시대

우리가 익숙한 금융의 모습은 늘 '거대은행'을 중심에 두고 있습니다. 돈을 빌리거나, 투자하거나, 송금할 때 은행은 중개자로서 신용을 제공했습니다. 그러나 블록체인 기술은 이 전통적인 질서를 뒤흔드는 시대적 혁명입니다. 이제는 은행이라는 중개자 없이도 사람과 사람P2P이 직접 돈을 빌리고, 투자하고, 불릴 수 있는 시대가 열린 것입니다.

이를 가능케 한 것이 바로 탈중앙화 금융(DeFi, Decentralized Finance)입니다. DeFi는 블록체인 네트워크 위에 만들어진 새로운 금융시스템으로, 스마트 계약을 통해 사람과 사람이 신뢰할 수 있는 거래를 직접 주고받게 합니다. 또한, 은행 창구도, 두꺼운 계약서도 필요 없습니다. 단지, 코드와 알고리즘이 은행의 역할을 대신할 뿐입니다.

어떻게 가능한가?

DeFi에서는 스마트 계약(Smart Contract)이라는 프로그램이 핵심 역할을 합니다. 스마트 계약은 조건이 충족되면 자동으로 실행되는 일종의 '자율적 약속'입니다. 예를 들어, "내가 이더리움(ETH)을 담보로 맡기면, 상대방은 그 가치의 70%에 해당하는 스테이블 코인을 대출해 준다"라는 계약을 자동으로 실행하는 방식입니다.

이 방식은 은행의 직원이나 심사위원이 필요 없습니다. 시스템에 맡긴 담보가 안전하게 보관되고, 조건이 맞으면 대출을 실행합니다. 이때 이자는 참여자들 사이에서 정해지고 자동으로 분배됩니다.

실제 사례들

메이커다오(MakerDAO)는 블록체인 기반의 대표적인 대출 플랫폼입니다. 사용자는 자신이 가진 이더리움을 담보로 맡기고, DAI라는 스테이블코인을 발행해 현금처럼 활용할 수 있습니다. 은행이 아닌 블록체인 네트워크와 알고리즘이 스스로 대출과 담보 관리를 수행합니다.

컴파운드(Compound) & 아베(Aave) 이 두 플랫폼은 '예금-대출

시장'을 블록체인 위에서 구현하고 있습니다. 즉 사용자가 자금을 맡기면 자동으로 이자가 쌓이고, 빌리는 사람은 정해진 조건에 따라 대출을 받습니다. 모든 과정은 알고리즘이 투명하게 운영하게 됩니다.

특히 아베는 "플래시론(Flash Loan)"이라는 순간 대출 개념을 만들어내기도 합니다. 담보 없이도 블록체인의 한 트랜잭션 안에서 돈을 빌리고, 이익을 내고, 곧바로 상환하는 새로운 형태의 금융을 시도하고 있는 것입니다.

어떤 변화가 오는가?

첫 번째, 금융 민주화입니다. 이제 돈을 빌리는 권리, 투자하는 권리가 특정 소수(은행, 기관 투자자)가 아니라 누구에게나 열려 있습니다.

두 번째, 비용 절감입니다. 은행의 중개 수수료가 사라지고, 거래 속도는 빨라지게 됩니다.

세 번째, 투명성 강화입니다. 모든 거래가 블록체인 위에 기록되기에 불투명한 장부 조작이나 부정이 줄어듭니다. 하지만 동시에 위험도 따릅니다. 보안 문제가 생기면 은행이 아닌 개인이 직접 손실을 감당해야 하고, 규제의 사각지대에 놓여 있기 때문에 범죄에 악용될 가능성도 있습니다.

"은행 없는 은행"이라는 발상은 처음에는 낯설게 들릴 수 있습니다. 그러나 지금 전 세계 수천만 명이 이미 블록체인 기반 금융 서비스를 사용하고 있습니다. 마치 인터넷이 처음 등장했을 때 전통적인 언론과 유통 구조가 뒤바뀐 것처럼, 금융 또한 근본적인 변화를 겪고 있는 중입니다.

블록체인은 은행이라는 거대한 기둥을 흔들고 있습니다. 우리는 블록체인에게 말합니다. "앞으로의 금융은 과연 누구의 손에, 누구를 위해 운영될 것인가?"

02. 유통: 내가 산 커피가 어디서 왔는지 아는 세상

보이지 않는 길 위의 상품들

우리가 매일 마시는 커피 한 잔, 장바구니 속에 담는 과일, 혹은 옷 한 벌. 이 모든 물건들은 수천 킬로미터의 길을 따라 우리에게 도착합니다. 그러나 정작 이 모든 것들이 어디에서 왔는지 우리는 잘 모릅니다. "내가 산 이 커피콩은 어디서 자랐을까? 어떤 과정을 거쳐 내 손에 왔을까?"

현대의 유통망은 너무나 복잡하고 거대하다 보니, 생산자, 운송업자, 수출입 회사, 도매상, 소매상 등 수많은 주체가 얽히면서 상품의 여정은 소비자에게 불투명하게 가려져 왔습니다. 이 과정에서 불법 거래, 원산지 위조, 환경 파괴, 노동 착취 같은 문제들이 뒤엉켜도 소비자가 알 길은 없었습니다.

블록체인이 밝히는 투명한 경로

블록체인은 이 오래된 질문에 새로운 답을 제시하고 있습니다. 모든 거래와 이동 경로를 블록체인에 기록하면, 커피콩이

농장에서 출발해 내 커피 잔에 이르기까지의 과정이 하나도 빠짐없이 추적되고 있습니다. 변경 불가능한 기록, 한 번 기록된 데이터는 누구도 조작할 수 없습니다.

블록체인의 유통경로는 모두가 열람 가능한 장부로 구성되어 있습니다. 이 말은 유통 과정이 투명하게 공개되어 신뢰를 확보할 수 있다는 말입니다. 또한, 책임 있는 소비로 소비자는 자신이 선택한 상품이 환경적으로 지속 가능했는지, 윤리적으로 공정했는지를 확인할 수 있습니다. 그리고 소비자를 착한 소비를 할 수 있도록 안내합니다.

실제 사례들

스타벅스와 커피 트레이서빌리티 스타벅스는 블록체인 기술을 도입해 고객이 앱APP에서 자신이 마시는 커피의 원산지와 생산 농장을 확인할 수 있도록 했습니다. 이는 소비자가 단순히 "콜롬비아산"이라는 라벨을 넘어서, 그 지역의 농부 이름과 재배 방식까지 확인할 수 있는 것입니다.

월마트의 블록체인 식품 추적, 미국의 대형 유통업체 월마트는 IBM과 협력해 식품 공급망을 블록체인으로 관리합니다. 과거에는 오염된 식품의 원산지를 추적하는 데 며칠이 걸렸지만, 블록체인 도입 후 몇 초 만에 출처를 확인할 수 있게 되었습니다. 이는 식품 안전과 위생 관리에서 혁명적 전환을 의미합니다.

패션 업계의 윤리적 유통, 럭셔리 브랜드와 지속가능 패션 스타트업들은 블록체인으로 의류의 생산 과정을 기록합니다. 소비자는 자신이 입는 옷이 아동 노동이나 불법 자원 사용 없이 만들어졌음을 검증할 수 있습니다.

바뀌는 소비와 산업

소비자의 권한 강화, 소비자는 더 이상 '표면적 라벨'만 보고 선택하지 않습니다. 블록체인 덕분에 정보는 투명해지고, 소비는 책임 있는 행위가 뒤따릅니다. 기업의 신뢰 확보, 윤리적이고 지속가능한 기업은 블록체인 기록을 통해 스스로의 가치를 입증합니다. 규제와 환경 개선, 정부와 국제기구는 블록체인 데이터를 활용해 불법 벌목, 어획, 인권 침해 같은 문제에 대응할 수 있습니다.

　우리가 매일 손에 쥐는 상품들은 보이지 않는 수많은 이야기들을 품고 있습니다. 블록체인은 그 길을 비춰주는 등불이 되고 있습니다. 커피 한 잔 속에 담긴 농부의 땀과 대지의 숨결을 알게 될 때, 우리는 단순한 소비자가 아니라 윤리적 선택을 하는 세계 시민이 되어갑니다.

03. 문화: 음악·미술·게임 속 새로운 경제

디지털 시대의 오래된 문제

음악가, 화가, 작가, 그리고 게임 개발자까지 창작자들은 언제나 "내 작품의 가치를 어떻게 인정받을 것인가?"라는 질문을 안고 살아왔습니다. CD와 음반이 디지털 음원으로 바뀌고, 미술 작품이 온라인 이미지로 복제되면서 창작자의 권리와 수익 구조는 더욱 불투명해졌습니다.

음악은 스트리밍 서비스에 묶여 몇 푼의 저작권료만 돌아오고, 미술 작품은 온라인에서 무단 복제되어 작가의 권리를 지켜주지 못합니다. 게임 아이템은 유저가 구매했지만, 실제 소유권은 플랫폼 회사가 독점하고 있는 실정입니다.

즉, 디지털 시대의 창작은 풍부해졌지만, 창작자가 공정하게 보상받는 길은 오히려 좁아진 셈이 되었습니다.

블록체인이 가져온 전환

블록체인은 이 문제를 정면으로 해결할 수 있는 패러다임의 변화입니다. 즉 NFT(대체 불가능 토큰)라는 기술을 통해 디지털 작품 하나하나에 고유한 '진품 인증서'를 붙일 수 있게 한 것입니다. 특히, 디지털 미술은 jpg나 gif 파일도 블록체인 위에 기록하게 되면 소유자가 누구인지, 언제 거래되었는지, 변조를 불가능하게 만들어 줍니다.

음악도 아티스트는 음원을 NFT로 발행해 스트리밍 수익에 의존하지 않고 팬에게 직접 판매할 수 있습니다. 게임도 마찬가지입니다. 캐릭터 아이템, 스킨, 무기 등이 NFT화되면 플레이어가 진짜 소유권을 갖게 되고, 자유롭게 사고 팔 수 있도록 블록체인이 만들어 줍니다. 이로써 창작자와 소비자는 플랫폼의 벽을 넘어 직접 연결될 수 있는 길을 얻게 된 것입니다.

실제 사례들

비플(beeple)의 디지털 아트는 미국 디지털 아티스트 비플의 작품 Everydays: The First 5000 Days을 2021년 경매에서 무려 6,900만 달러에 팔수 있었습니다. 단순한 이미지 파일이 아니라, NFT 덕분에 '진품'으로 인정되어 디지털 예술품이 된 것입니다.

또한, 뮤지션들의 NFT 앨범도 가수들은 그 음원을 NFT로 발매해 팬들에게 직접 판매하기 시작했습니다. 예를 들면, 킹스 오브 리온(Kings of Leon)은 앨범을 NFT로 발매해 전통 음반 발매와 다른 새로운 수익 모델을 보여주었습니다.

블록체인 게임Play-to-Earn인 Axie Infinity 같은 게임은 단순히 즐기는 게임을 넘어, 플레이어가 캐릭터를 키우고 NFT 아이템을 거래해 실제 수익을 얻는 구조를 만들었습니다. 이는 게임을 '소비'하는 것을 넘어, 하나의 '경제 활동'으로 확장시킨 대표적 사례가 된 것입니다.

무엇이 바뀌는가?

첫째, 창작자의 권리 회복입니다. 플랫폼이 아닌 창작자 자신이 작품의 소유권과 판매 권리를 갖는 것입니다. 둘째, 팬과의 직접 연결입니다. 소비자는 단순히 음악을 듣고, 그림을 보는 것에서 그치지 않고, 작품의 공동 소유자가 됩니다.

셋째, 새로운 경제 생태계가 만들어지고 있습니다. 게임, 예술, 음악이 서로 연결되며 거대한 디지털 자산 시장을 만들어 가고 있습니다. 물론 거품 논란과 투기적 요소도 존재합니다. 하지만 핵심은 블록체인이 문화 산업의 권력 구조를 바꾸고 있다는 사실입니다. 어느 시대나 먼저 악화가 구축이 되고, 그 후 양화가 만들어지는 건 일종의 사회적 현상일 수 있습니다.

끝으로, 문화는 언제나 기술과 함께 진화해왔습니다. 인쇄술이 소설을 대중화했고, 인터넷이 음악과 영화를 전 세계로 전파시켰습니다. 이제 블록체인이 창작자와 소비자 사이에 가치의 다리를 새롭게 만들어 가고 있는 중입니다.

앞으로의 예술, 음악, 게임은 단순히 소비하는 대상이 아니라 참여하고 소유하며 함께 성장하는 새로운 문화 경제로 발전할 것입니다.

04. 공공 시스템과 교육, 신뢰의 사회 시스템 만들기

신뢰가 무너진 사회

현대 사회의 공공 시스템과 교육 제도는 늘 '신뢰'를 전제로 운영되었습니다. 우리는 선거에서 투표가 공정하게 집계된다고 믿었고, 학교에서 받은 졸업장이 위조되지 않았다고 신뢰합니다.

정부의 행정 기록과 의료 데이터가 조작되지 않는다고 가정하고 있습니다. 그러나 실제로는 신뢰의 균열이 곳곳에서 드러나고 있습니다. 부정 선거 의혹, 학위 위조사건, 데이터 조작 문제 등이 사회적 불신을 증폭시키고 있으며, 이런 사회적 불신은 결국 제도의 정당성을 흔들고, 공동체를 약화시키는 원인으로 작용하고 있습니다.

블록체인의 역할: 신뢰를 코드로 보장하다

블록체인은 이 문제에 근본적인 해답을 제시합니다. "사람이나 제도가 아닌, 기술 자체가 신뢰를 보장한다."

선거와 투표제도에서 블록체인 투표 시스템은 누구나 결과를 확인할 수 있어 조작이 사실상 불가능합니다. 이미 여러 국가와 지방정부에서 시범적으로 도입되어 그 기록을 증명하고 있습니다. 각종 행정 기록도 주민등록, 토지대장, 공공 계약 등이 블록체인에 기록되면, 위조나 은폐가 불가능해지고 행정의 투명성이 높아지고 있습니다.

또한, 의료 데이터 분야도 병원의 진료 기록이나 처방전이 블록체인에 저장되면, 환자는 언제 어디서나 안전하게 자신의 데이터를 확인할 수 있고, 불필요한 중복 검사나 위조 가능성을 줄일 수 있습니다.

교육에서의 혁신

교육 분야에서도 블록체인은 새로운 가능성을 열어줍니다. 학위와 자격증을 블록체인 기반의 인증서를 사용하면 위조된 학위나 경력 부풀리기가 불가능합니다. 실제로 MIT, 스탠퍼드

등은 이미 블록체인 학위증을 발급하고 있습니다.

또한, 개인 맞춤형 학습 기록도 학습자가 어떤 과정을 수강했고, 어떤 성취를 이루었는지가 블록체인에 기록되면, 기업은 이 데이터를 신뢰할 수 있고, 학습자는 평생 학습 이력을 안전하게 보관할 수 있도록 해줍니다.

지식 공유와 오픈러닝도 블록체인 기반 플랫폼에서는 강사가 만든 콘텐츠의 저작권이 보호되며, 학습자가 결제한 비용이 투명하게 분배되어 교육의 신뢰성을 더욱더 확보할 수 있는 계기가 될 것입니다.

실제 사례들

에스토니아의 전자정부(e-Estonia)는 에스토니아의 행정 시스템 대부분을 블록체인 기반으로 운영하고 있습니다. 의료 기록, 세금, 법원 판결까지 모두 안전하게 관리되어, 국민은 '국가를 믿는다'가 아니라, '블록체인 시스템을 믿는다'는 새로운 신뢰 문화를 경험하고 있는 중입니다.

또한, MIT 블록체인 학위증 발급의 사례도 중요한 블록체인의 한 예입니다. MIT는 블록체인 기반 학위증을 발급해, 졸업생

이 어디서든 자신의 학위를 증명할 수 있도록 했습니다.

　기업은 채용 과정에서 빠르고 확실하게 학위를 검증할 수 있습니다. UNICEF의 블록체인 프로젝트 사례입니다. 국제기구인 UNICEF는 교육 지원 사업에서 블록체인을 활용, 기부금의 사용처와 결과를 투명하게 공개하고 있습니다.

　공공 시스템과 교육은 사회의 기초를 떠받치는 두 축입니다. 그러나 지금까지는 사람과 제도에 의존한 신뢰가 늘 불완전했습니다. 블록체인은 그 신뢰를 기술로 전환함으로써, 더 공정하고 투명한 사회 시스템을 가능하게 만들었습니다.

　앞으로 블록체인이 정착된 사회에서는 선거 부정 의혹 대신 모두가 직접 확인하는 투표 결과가 존재하고, 위조 학위 대신 평생 학습 이력이 신뢰받으며, 행정과 의료 서비스는 더 투명하고 안전하게 운영될 것입니다. 바로 이것이 블록체인이 만드는 새로운 신뢰 사회의 모습입니다.

05. 블록체인, 헬스케어와 의료 혁신
―진료기록 · 의약품 · 맞춤형 치료

진료기록, 환자의 손에 돌아온 데이터

오늘날 병원마다 진료기록은 제각각의 시스템에 흩어져 있고, 환자 본인은 자신의 건강 데이터를 온전히 통제하기 어렵습니다. 이 때문에 다른 병원을 방문할 때 기록을 다시 가져와야 하고, 의료진 간 정보 공유가 늦어지는 문제가 발생합니다. 하지만 블록체인은 이 문제를 근본적으로 바꿀 수 있습니다.

분산 원장 기반의 의료 데이터 → 환자의 진료기록은 블록체인 네트워크에 암호화된 형태로 저장되어 누구도 임의로 수정하거나 삭제할 수 없습니다.

환자 주권 보장 → 환자가 자신의 기록 접근 권한을 직접 제어할 수 있어 특정한 의사·병원·연구자에게 필요할 때만 열람을 허용합니다.

국경 없는 의료 → 국가와 병원을 넘어 동일한 데이터 형식으로 기록이 공유되어, 환자가 해외에서 진료 받을 때도 데이터 단절이 없습니다. 즉 블록체인은 환자를 데이터의 소비자가 아니라 데이터의 주인으로 되돌려줍니다.

의약품, 신뢰 가능한 공급망과 위조 방지

세계 보건기구(WHO)에 따르면, 전 세계에서 유통되는 의약품 중 약 10%가 위조 약품으로 추정됩니다. 이는 환자의 안전을 심각하게 위협하는 문제가 될 수 있습니다. 블록체인은 의약품 공급망의 신뢰성을 획기적으로 강화할 수 있습니다.

제조부터 유통까지 전 과정 기록 → 의약품이 어떤 공장에서 생산되고 어떤 경로를 통해 병원에 도착했는지가 블록체인에 투명하게 기록됩니다.

위조 약품 차단 → 소비자나 의료진은 QR코드나 블록체인 기반 인증을 통해 '진짜 약'인지 즉시 확인할 수 있습니다.

또한, 효율적 리콜 → 문제가 된 의약품이 발견되면, 블록체인 기록을 통해 정확히 어느 병원·약국까지 공급되었는지 추적할 수 있어 신속한 대응이 가능하게 됩니다. 이로써 블록체인은 의약품 유통에 대한 신뢰의 새로운 표준을 제시합니다.

맞춤형 치료, 데이터와 블록체인의 융합

의학은 이제 '평균적 환자'를 기준으로 한 치료에서 벗어나 개인 맞춤형 의료(Personalized Medicine)의 시대로 이동하고 있습니다. 유전체 분석, 생활습관, 웨어러블 기기의 데이터가 쏟아지는 가운데, 이를 안전하게 공유하고 활용하는 것이 관건입니다. 이때 블록체인은 맞춤형 치료의 촉매제가 될 수 있습니다.

한편, 유전체 데이터 보호 → 환자의 DNA 정보는 매우 민감하지만, 블록체인에 암호화된 상태로 저장해 안전하게 공유할 수 있습니다.

데이터 기반 연구 촉진 → 연구자가 환자의 동의를 얻고 블록체인을 통해 접근 권한을 획득하면, 대규모 데이터 분석이 가능해지고 신약 개발 속도가 빨라질 수 있습니다.

또한, 인공지능과의 결합 → AI가 환자의 블록체인 기반 건강 데이터를 분석해 가장 적합한 치료법을 추천하는 시스템이 가능해집니다. 즉 블록체인은 개인화된 치료가 가능하면서도 데이터 보안과 프라이버시를 지켜주는 기반 기술이 됩니다.

도전과 과제

물론 이러한 혁신이 당장 모든 병원에서 실현되는 것은 아닙니다. 또한, 의료 데이터 표준화 부족/개인정보 보호와 법적 규제/의료 기관의 보수적 태도와 시스템 전환 비용 등 이러한 장벽은 여전히 존재합니다.

그러나 이미 유럽, 미국, 아시아 일부 국가에서는 블록체인 기반 의료 데이터 프로젝트가 시범 운영되고 있으며, 의약품 추적 시스템 또한 점차 확산되고 있는 추세입니다.

블록체인은 헬스케어와 의료 분야에서 세 가지 핵심 신뢰 문제

① 환자의 데이터 주권,

② 의약품의 진정성,

③ 맞춤형 치료의 데이터 활용을 동시에 해결할 수 있는 잠재력을 지니고 있습니다.

결국 블록체인 의료 혁신의 본질은 기술이 아니라 신뢰와 주권의 회복입니다. 환자가 자신의 몸과 건강에 대한 정보를 주도적으로 관리하고, 사회 전체가 더 안전하고 공정한 의료 생태계를 함께 만들어 가는 것입니다.

06. 블록체인과 헬스케어, 환자 중심의 신뢰 혁명

의료에서 가장 부족한 것 – '신뢰'

병원을 옮길 때마다 환자는 진료기록을 다시 제출해야 하고, 보험사와 병원 간 데이터가 일치하지 않아 치료가 지연되기도 합니다. 의약품은 글로벌 공급망 속에서 위조나 불법 유통의 위험에 노출되어 있으며, 심지어 개인의 유전체 데이터나 건강기록은 환자 본인이 아닌 기업이나 기관이 통제하는 경우가 많아졌습니다. 결국 의료의 가장 큰 문제는 데이터와 의료 과정에 대한 '신뢰 부족'입니다.

블록체인이 바꾸는 환자 데이터 주권

블록체인은 환자가 자신의 진료기록을 직접 소유하고 관리할 수 있는 기반을 제공합니다. 진료기록은 블록체인에 암호화된 형태로 기록되고, 환자가 열람 권한을 관리합니다.

병원, 의사, 연구자가 데이터를 보려면 반드시 환자의 동의가 필요합니다. 국경을 넘어선 진료에서도 동일한 기록을 실시간으로 확인할 수 있게 됩니다. 이것은 환자가 더 이상 수동적 데이터 제공자가 아니라, 데이터의 주체로 서게 됨을 의미합니다.

의약품 신뢰의 혁명

블록체인은 의약품이 제조-유통-투여에 이르는 전 과정을 추적할 수 있습니다. 제약사가 생산한 시점부터 환자의 손에 들어오기까지 모든 경로가 블록체인 원장에 기록이 됩니다.

위조 의약품은 QR코드 스캔만으로 확인할 수 있어, 불법 약품 유통을 크게 줄일 수 있습니다. 또한, 문제가 생겼을 때 신속히 추적해 그 제품을 리콜할 수 있습니다.

이제 의약품은 단순히 '약'이 아니라, 신뢰 가능한 데이터와 함께 제공되는 치료제가 될 것입니다.

맞춤형 치료와 데이터 혁신

유전체 분석, 웨어러블 기기, 생활습관 데이터는 맞춤형 치료의 핵심 자원입니다. 하지만 이런 정보는 현실적으로, 보안·프라이버시 문제로 활용이 쉽지 않았습니다. 그러나 블록체인이 해결책을 제시하고 있습니다. 환자의 동의하에 암호화된 데이터를 연구자·AI 시스템과 안전하게 공유할 수 있도록 하였습니다.

AI는 블록체인에 기록된 환자 데이터를 분석하여 가장 적합한 치료법을 추천할 수 있습니다. 환자는 자신의 데이터 활용 내역을 추적할 수 있어 투명성이 높아지며, 결국 블록체인은 개인화 의료를 가능하게 하면서도 안전성과 신뢰성을 보장합니다.

도전과 미래

물론 당장의 현실적 장벽도 많습니다. 의료 데이터 표준화 부족/개인정보 보호에 관한 법적 규제/보수적인 의료 기관의 도입 비용과 저항 등이 당장 해결해야 할 부분입니다. 그러나 이미 미국, 유럽, 아시아의 일부 병원과 연구기관은 블록체인 기반 의료 프로젝트를 시범 운영 중에 있습니다. 한편, 의약품 추적, 환자 데이터 관리, 맞춤형 의료 연구에서 그 가능성을 확인하고 있는 중입니다.

블록체인이 헬스케어에 가져올 가장 큰 변화는 기술이 아닙니다. 그것은 환자 중심의 신뢰 회복이 주된 주제입니다. 환자가 자신의 데이터를 주도적으로 통제하고, 의약품이 진짜임을 확신하며, 나만의 맞춤형 치료를 투명하게 받을 수 있는 사회를 만드는 것, 이것이 바로 블록체인과 헬스케어가 함께 열어갈 환자 중심의 신뢰 혁명입니다.

07. 환경과 기후, 블록체인과 탄소배출권, 지속가능성

기후 위기와 신뢰의 문제

지구온난화와 기후 위기는 21세기의 최대 도전이 되었습니다. 국제사회는 탄소중립(Net Zero)을 선언하며 탄소배출 감축을 위한 다양한 제도를 도입하고 있습니다. 그중 핵심이 바로 탄소배출권 거래(Carbon Credit Trading)입니다. 그러나 현실은 쉽지 않습니다. 즉 배출량 측정 방식의 불투명성/허위 보고 및 이중 계산/배출권 가격 변동성 이 모든 것은 "누구를 믿을 것인가"라는 신뢰 문제로 귀결됩니다.

블록체인과 탄소배출권

블록체인은 탄소배출권 시장의 투명성과 신뢰를 크게 높일 수 있습니다.

불변의 기록 → 각 기업의 배출

량, 감축 활동, 거래 내역이 블록체인 원장에 기록되어 조작 불가합니다.

실시간 추적 → 배출권이 어느 기업에서 어느 기업으로 이동했는지 투명하게 공개됩니다.

또한, 중개 비용 절감 → 거래소나 인증기관 없이도, 스마트 계약을 통해 배출권 거래가 자동으로 실행됩니다.

실제로 세계 각국에서는 블록체인 기반 탄소시장 플랫폼이 등장하고 있으며, 국제 NGO와 스타트업들은 블록체인을 활용하여 "그린워싱(위장 환경주의)" 문제를 해결하려 하고 있습니다.

공급망 투명성과 지속가능성

환경 문제는 단지 탄소만의 문제가 아닙니다. 우리가 입는 옷, 마시는 커피, 사용하는 스마트폰이 어떤 과정을 거쳐 만들어졌는지 알기 어렵게 되어 있습니다. 하지만 블록체인은 공급망의 투명성을 보장해줍니다.

예를 들면, 커피·카카오·해산물 추적 → 생산지부터 소비자까지 이동 경로가 블록체인에 기록되어, 지속가능한 생산 여부를 검증하고, 아동노동·불법 벌목 방지 → 블록체인 기록으로 공정무역과 윤리적 소비를 실현시켜 줍니다.

또한, 기업의 ESG 경영 평가 → 기업이 실제로 친환경적 활동을 하고 있는지 객관적 검증 가능하며, 즉 블록체인은 소비자가 "이 제품이 정말 친환경적인가?"를 확인할 수 있는 도구가 된다는 의미입니다.

재생에너지 인증과 분산형 에너지

재생에너지 확대도 블록체인과 결합할 때 속도가 붙습니다. 재생에너지 인증서(REC) 발급 → 태양광·풍력 발전소의 생산 전력이 블록체인에 기록되어 진짜 녹색 전력인지 즉시 검증 가능하게 합니다.

분산형 에너지 거래 → 가정의 태양광 발전자가 남는 전기를 블록체인 기반 P2P 거래로 이웃에게 판매하고, 스마트 계약 기반 자동 정산 → 중개기관 없이 즉시 결제, 효율적 운영이 가능해집니다. 이로써 에너지는 중앙 집중에서 벗어나 투명하고 분산된 친환경 시장을 형성할 수 있습니다.

도전과 과제

물론 아직 넘어야 할 산도 있습니다. 블록체인 자체의 에너지 소비 문제(특히 PoW 체계)/국제적 규제·표준의 부재/대규모 적용을 위한 기술 확장성 등 작은 허들이 곳곳에 있습니다. 그러나 최근에는 에너지 효율적인 합의 알고리즘(예: PoS, PoA)이 빠르게 확산되고 있으며, 블록체인 기술은 점차 환경 부담보다 환경 개선 효과가 더 큰 도구로 진화하고 있습니다.

블록체인은 환경과 기후 문제 해결에 있어 단순한 보조 기술이 아닙니다. 탄소배출권 시장의 투명성을 보장하고, 공급망의 지속가능성을 검증하며, 재생에너지의 확산을 가속화해 줍니다. 즉 블록체인은 기후 위기에 맞서는 인류에게 "신뢰 가능한 환경 파트너"가 될 수 있다는 약속입니다.

08. 공공행정 혁신: 투표·토지 등기·신분증의 미래

행정에서 가장 중요한 자산 – '신뢰'

정부와 행정 서비스의 핵심은 국민이 믿을 수 있는 기록과 절차입니다.

선거 투표 결과/토지와 부동산 소유권/국민의 신분과 자격 증명 이 모든 것은 결국 공적 기록이며, 사회적 신뢰의 기반입니다. 그러나 현실에서는 부정선거 논란, 위조된 등기, 개인정보 도용 문제 등이 지속적으로 발생해 왔습니다. 우리 사회에서는 현재도 진행형입니다. 최근, 블록체인은 이러한 불신의 문제를 기술적으로 해결할 수 있는 도구로 주목받고 있습니다.

블록체인 투표
– 더 투명한 민주주의

선거는 민주주의의 핵심이지만, 동시에 가장 많은 불신이 집중되는 영역이기도 합니다.

투표·개 문제점 → 투표 조작, 개표 오류, 낮은 투표율 등을 블록체인에 적용 → 투표 기록이 블록체인 원장에 실시간 저장되어 조작 불가해집니다. 유권자는 자신의 투표가 정상적으로 반영되었는지 직접 검증 가능하고, 스마트폰·컴퓨터를 통한 원격 투표 가능 → 투표 접근성을 향상시켜 줍니다. 지금 에스토니아, 스위스 일부 지역, 한국의 시범 프로젝트는 이미 블록체인 기반 전자투표를 테스트하고 있으며, 이는 향후 모바일 민주주의로 진화할 수 있습니다.

토지 등기 – 위조 불가능한 소유권 증명

토지와 부동산은 사회적 자산의 핵심이지만, 등기 시스템은 여전히 위조·분쟁의 위험이 큽니다. 토지 등기의 현재 문제 → 위조 서류, 불법 이중 매매, 행정 처리 지연 등에 블록체인 적용 → 등기 기록이 블록체인에 영구히 저장 → 그 후, 조작 불가능해집니다.

거래 과정에서 스마트 계약을 활용해 자동 등기 이전되고, 공무원·변호사 등 중개자의 역할을 최소화해 행정 비용을 절감할

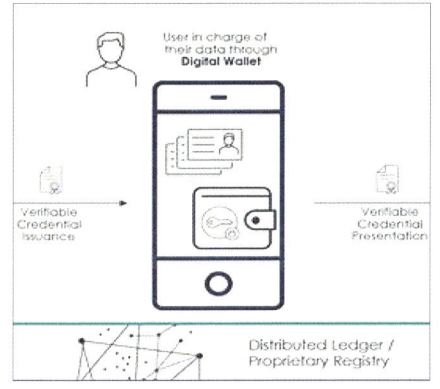

수 있습니다. 실제로 스웨덴, 조지아, 인도 등은 블록체인 기반 부동산 등기 시스템을 시범 운영 중이며, 부패 감소와 행정 효율성 향상 효과를 보고 있습니다.

신분증의 미래
- 자기주권형 디지털 신원

오늘날 신분증은 국가가 발급하고 관리합니다. 그러나 개인정보 유출 사고가 빈번하고, 온라인 세계에서는 신원 확인이 어렵습니다.

신분증 미래의 문제점 → 개인정보 도용, 불법 계정, 신분 위조할 수 있습니다. 이를 블록체인에 적용하여 → 자기주권 신원(Self-Sovereign Identity, SSI) → 개인이 자신의 신원 정보를 블록체인 지갑에 보관·관리 후 필요할 때만 특정 정보만 공유(예: "성인 여부"만 확인, 이름·주소는 비공개)이는 중앙기관 없이도 본인임을 증명할 수 있습니다. 이러한 분산형 디지털 신원은 온라인 교육, 금융, 의료, 전자상거래 등 다양한 분야에서 새로운 신뢰의 표준이 될 것입니다.

도전과 과제

물론 현실적 한계도 있습니다. 법적 효력과 제도 정비 부족/개인정보 보호와 기술 보안 문제 등 디지털 소외 계층의 배려가 필요합니다. 그러나 점차 각국 정부와 국제기구가 블록체인 행정 플랫폼을 시험하고 있으며, 공공 서비스의 미래를 준비하고 있습니다.

블록체인은 단순히 기술 혁신이 아니라, 국가와 시민 간 신뢰를 다시 세우는 도구입니다.

투표는 더 투명해지고, 토지 소유권은 더 확실해지며, 신분증은 더 안전해집니다. 궁극적으로 블록체인은 "시민이 국가를 믿는 시대"에서 "국민이 스스로 신뢰를 확인하는 시대"로 행정을 바꿔놓을 것입니다.

4장

새로운 경제 패러다임

01. 블록체인이 만드는 새로운 경제 원리 · 143
02. 블록체인 네트워크의 잠재력 · 147
03. 블록체인 자본주의 VS 전통 자본주의 · 151
04. 탈중앙화가 바꾸는 자본과 사회 · 155
05. 블록체인, 거버넌스와 권력의 미래 · 159
06. 공유경제, 협동조합, 그리고 블록체인의 만남 · 163
07. DAO—회사 없는 회사의 실험 · 167
08. 모두가 주인이 되는 경제를 향하여 · 171

『자본주의는 성장과 효율을 달성했지만, 동시에 불평등과 독점을 심화시켰습니다.
블록체인은 이 구조에 새로운 변화를 제안 합니다. DAO와 협동조합, 공유경제와 분산경제 속에서 우리는 "모두가 주인인 경제"라는 가능성을 발견합니다.』 -본문 요약

프롤로그 – 자본주의, 변곡점에 서다

산업혁명 이후 인류를 지탱해온 자본주의는 눈부신 성과를 이루었습니다. 생산성과 효율은 그 어느 때보다 높아졌고, 세계는 풍요와 편리함을 누리게 되었습니다. 그러나 동시에 자본주의의 그늘은 더욱더 깊어졌습니다. 부의 불평등, 금융 위기, 환경 파괴, 그리고 소수에게 집중된 권력 등이 자본주의의 또 다른 모습이 된 것입니다.

그리고 지금 자본주의가 새로운 변곡점을 맞이하고 있는 중입니다. 과연 "이대로의 자본주의는 지속 가능한가?" 바로 이 지점에서 블록체인이 등장합니다.

블록체인은 단순한 기술이 아니라, 자본주의의 구조를 다시 묻는 질문이자 새로운 경제 패러다임의 가능성입니다.

블록체인 자본주의의 가능성

블록체인은 권력과 자본을 특정 집단이 독점하지 않고, 참여자 모두가 소유자이자 운영자가 되는 분산 경제를 제시합니다.

은행 없는 금융/플랫폼 없는 콘텐츠 유통/회사 없는 조직(DAO) 등 이 모든 실험은 전통 자본주의의, 즉 '중앙집중' 논리를 깨뜨리며, 자본주의가 한 단계 더 진화할 수 있다는 가능성을 보여주고 있습니다.

새로운 패러다임의 긴장

물론 블록체인 자본주의는 아직 불완전합니다. 투기적 거품, 규제의 부재, 기술적 한계는 여전히 큰 과제입니다. 그럼에도 불구하고 블록체인은 "경제는 소수의 것이 아니라, 모두의 것이다."라는 오래된 이상을 기술적으로 구현할 수 있는 새로운 길을 열고 있습니다.

결론적으로 우리는 지금 자본주의의 변곡점에 서 있습니다. 전통 자본주의가 보여준 성장의 빛과 불평등의 그림자를 넘어, 블록체인 경제는 "분산, 참여, 투명성"이라는 새로운 가치로 우리 앞에 다가오고 있습니다. 그리고 이제 우리의 질문은 바뀌어야 합니다.

"자본주의는 끝나는가?"가 아니라, "자본주의는 어떻게 진화할 것인가?" 과연 그 진화의 한 축을 블록체인이 보여줄 것인가.

01. 블록체인이 만드는 새로운 경제 원리

중앙에서 분산으로 – 신뢰의 구조 변화

전통 경제는 중앙기관의 신뢰에 의존했습니다. 은행이 돈을 보관·송금하고, 정부가 화폐 가치를 보증하며, 기업이 계약을 관리했습니다. 그러나 블록체인은 "신뢰를 기관이 아닌 기술이 보증하는 구조"를 만들어 냅니다.

첫 번째, 탈중앙화Decentralization → 거래 기록이 여러 컴퓨터에 분산 저장되고, 두 번째, 불변성Immutability → 한 번 기록된 데이터는 위·변조 불가하며,

세 번째, 투명성Transparency → 누구나 거래 내역을 검증 가능합니다. 결과적으로, 사람이나 제도가 아니라 코드와 네트워크가 신뢰를 만든다는 새로운 원리가 등장한 것입니다.

토큰화token – 가치를 나누고 연결하는 새로운 방식

블록체인은 "토큰token"을 통해 모든 가치를 디지털로 표현합니다. 이는 화폐(비트코인), 계약(스마트 컨트랙트), 예술(NFT), 부동산(STO)까지 모두 토큰화가 가능하다는 의미입니다.

분할 투자 → 부동산 한 채를 수천 명이 쪼개어 투자할 수 있으며, 국경 초월 → 토큰은 인터넷이 닿는 곳이면 어디서나 거래 가능합니다. 이는 자산이 국경과 제도를 넘어 자유롭게 흐르는 토큰 경제(token economy)가 탄생하고 있음을 예고합니다.

인센티브 설계 – 참여가 곧 보상

블록체인 경제는 참여자를 단순 소비자가 아닌 생태계 공동 설계자로 만듭니다. 특히, 마이닝/스테이킹 보상 → 네트워크 유지에 기여하면 토큰을 보상한다는 새로운 부가 만들어진다는 신호입니다.

또한, DAO 거버넌스 → 토큰 보유자가 투표권을 행사해 규칙 결정하고, 창작자 보상 → 음악·미술·글을 NFT로 발행해 수익을 직접 확보할 수 있습니다. 기존 자본주의의 '소비자와 기업' 구도에서, 블록체인은 "참여자=소유자=의사결정자"라는 새로운 경제 원리를 열어갑니다.

플랫폼의 전환 – 독점에서 공유로

전통 디지털 경제의 플랫폼(구글, 아마존, 네이버 등)은 데이터와 이익을 독점했습니다. 블록체인 플랫폼은 다릅니다. 오픈 소스 코드로 누구나 접근하고 기여가 가능하며, 보상 구조는 모든 참여자에게 이익이 돌아가는 구조입니다. 또한, 네트워크 효과 → 기여자가 많아질수록 가치가 상승합니다. 결국, 플랫폼은 소수 기업의 것이 아니라, 참여자 전체의 것이 되는 구조입니다.

새로운 경제 원리의 사회적 파급

- 금융 민주화

은행 계좌 없는 사람도 스마트폰 지갑만 있으면 글로벌 금융에 참여가 가능해집니다.

- 창작자 중심 경제

중개자가 사라지고, 창작자가 소비자와 직접 연결합니다.

- 지속 가능한 협력 모델

협동조합·공유경제가 블록체인 기반에서 재탄생합니다.

- 글로벌 커먼즈(commons)

국경과 제도를 넘어 인류가 함께 사용하는 디지털 자산과 공공재가 등장합니다.

결국, 블록체인이 만드는 새로운 경제 원리는 이렇게 요약할 수 있습니다.

신뢰의 분산: 기관 → 네트워크/가치의 토큰화: 실물 → 디지털/참여의 보상화: 소비자 → 공동 주체/플랫폼의 공유화: 독점 → 분산체계입니다.

이는 단순한 기술 변화가 아니라, 자본주의의 작동 원리 자체를 재구성하는 문명적 전환입니다. 미래의 경제는 "누가 가장 많이 독점하는가."가 아니라, "누가 가장 잘 분산하고 나누는가."로 평가받을 것입니다.

02. 블록체인 네트워크의 잠재력

네트워크가 바꾸는 신뢰의 구조

블록체인 네트워크의 핵심 잠재력은 "신뢰를 분산시킨다."는 데 있습니다. 지금까지 경제와 사회는 중앙 권위(은행, 정부, 대기업)를 신뢰 기반으로 삼았습니다. 그러나 블록체인 네트워크는 분산된 노드(참여자 컴퓨터)가 스스로 거래를 검증하고 기록합니다. 따라서 신뢰가 특정 기관에 집중되지 않고, 네트워크 전체로 확산됩니다.

탈중앙화된 글로벌 인프라

블록체인 네트워크는 국경을 넘나드는 글로벌 인프라가 될 잠재력이 있습니다. 인터넷이 정보의 국경을 허물고 있듯이, 블록체인은 가치의 국경을 허물고 있습니다. 또한, 누구든 스마트폰 지갑만 있으면 은행 계좌 없이도 금융 서비스를 이용할 수 있습니다. 전 세계적으로 수십억 명의 '언뱅크드(Unbanked)' 인구가 새로운 금융권에 편입될 수 있습니다.

네트워크 효과와 확장성

블록체인 네트워크는 참여자가 늘어날수록 가치가 커집니다. 이 네트워크 효과(Network Effect)는 사용자가 많아질수록 더 많은 거래와 데이터가 축적 → 신뢰와 효율성이 강화됩니다.

확장성 문제 → 속도·에너지 문제는 여전히 도전 과제이지만, 레이어2 솔루션, 샤딩, 지분증명(PoS) 같은 혁신이 발전 중에 있습니다. 결국 블록체인은 인터넷처럼 보편적 인프라로 자리잡을 가능성이 매우 큽니다.

새로운 협력과 거버넌스

블록체인 네트워크는 단순한 기술이 아니라, 새로운 사회 운영 방식을 실험하는 장입니다.

DAO(탈중앙화 자율조직) → 스마트 계약 기반의 네트워크 조직, 구성원 전체가 의사결정 참여할 수 있으며, 거버넌스 토큰 → 참여자가 정책과 규칙을 직접 투표로 결정하며, 플랫폼 협동조합 → 택시·배달·콘텐츠 플랫폼이 기업 독점이 아니라 사용자 공동체가 운영합니다. 이는 민주적 거버넌스 실험으로서 기존 기업 구조를 대체할 잠재력이 있습니다.

산업 혁신의 가능성

블록체인 네트워크는 다양한 산업에서 패러다임 전환을 촉발합니다. 이에 금융은 은행 없는 대출·예금(DeFi), 실시간 국경 없는 송금을 실행할 수 있고, 의료 → 환자 중심의 건강 기록 관리, 데이터 주권 회복 등. 또한, 공급망 → 커피 한 잔, 옷 한 벌의 원산지를 끝까지 추적 가능해집니다. 예술·문화 → NFT 기반 창작자 경제, 메타버스 자산 거래가 이루어지며, 결국 블록체인 네트워크는 "산업을 넘어선 인프라"가 되어 갈 것입니다.

인류적 잠재력 – 홍익의 관점에서

블록체인 네트워크의 잠재력은 단순한 경제적 효과를 넘어섭니다. 첫 번째, 포용성 → 누구나 참여 가능한 경제 구조 → 금융 소외를 해소할 수 있고, 두 번째, 투명성 → 부패·독점·불평등을 줄이는 사회 시스템으로 발전하며, 세 번째, 공유 가치 창출 → 개인의 기여가 곧 공동체의 성장으로 이어집니다. 이는 한국적 가치인 "홍익인간", 즉 널리 인간을 이롭게 하는 정신과도 연결됩니다.

결국, 블록체인 네트워크의 잠재력은 이렇게 요약할 수 있습니다.

　신뢰의 재편: 중앙집중 → 분산 네트워크로 전환되고,

　가치의 국경 해체: 국가·제도 → 글로벌 인프라로 확대 재생산되며,

　협력의 혁신: 기업 독점 → 공동체 거버넌스로 구축되고,

　산업의 재구성: 금융·의료·문화 전반의 탈중앙화로 발전합니다. 이는 기술 혁신을 넘어 새로운 문명적 질서를 준비하는 흐름입니다. 그래서 블록체인 네트워크는 "경제 시스템"을 넘어, 인류 공동체를 새롭게 디자인하는 잠재력을 품고 있습니다.

03. 블록체인 자본주의 vs 전통 자본주의

자본주의의 빛과 그림자

사실 자본주의는 지난 수백 년 동안 인류의 번영을 이끌어왔습니다. 개인의 사적 소유권을 보장하고, 경쟁을 통해 효율과 혁신을 촉진했습니다. 그러나 동시에 자본주의는 부의 집중, 불평등, 금융 위기라는 그림자도 남겼습니다.

소수의 기업과 금융기관은 권력과 자본을 독점하고, 다수의 노동자는 시스템 속 '부품'처럼 소비되고, 경제 위기가 닥치면 피해는 가장 약한 사람들에게 집중되었습니다.

블록체인 자본주의의 출현

블록체인은 자본주의의 기본 원리를 뒤집지 않으면서도, 그 한계를 보완할 수 있는 새로운 실험장을 제공하고 있습니다.

첫 번째, 탈중앙화입니다. 소수의 은행, 대기업, 정부가 독점하는 시스템이 아니라, 누구나 참여할 수 있는 개방형 구조가 만들어 지고, 참여=소유는 블록체인 생태계에서 사람들을 단순한 소비자가 아니라, 기여자이자 주주가 되고 있습니다. 특히, 토큰을 통해 프로젝트에 기여하고 동시에 그 가치를 공유합니다.

두 번째, 투명성과 신뢰입니다. 거래, 계약, 기록이 블록체인에 남아 누구나 검증할 수 있기 때문에 투명한 독점 구조가 흔들리고 있습니다. 이는 단순히 자본주의의 대체가 아니라, 자본주의의 재구성으로 가고 있습니다.

실제 변화의 모습

DAO(탈중앙화 자율조직)의 형태는 전통 기업이 갖고 있는 주주총회, 이사회, 경영진의 운영체계의 모습을 바꾸어 가고 있습니다. 모든 결사 조직이 앞으로 DAO를 통해 운영된다는 것입니다.

DAO는 코드와 스마트 계약으로 운영되는 공동체입니다. 누구나 토큰을 보유하면 의사결정에 참여할 수 있고, 이익을 공유할 수 있습니다. 이 말은 회사의 주인은 소수가 아니라 모든 참여자가 된다는 것입니다.

DeFi 금융 생태계, 기존 금융 자본주의는 은행과 기관 투자자가 '게이트키퍼' 역할을 했습니다. 이제부터 블록체인 금융은 전 세계 누구나 스마트폰과 인터넷만 있으면 동일한 권리로 참여할 수 있습니다.

플랫폼 경제의 전환, 전통 플랫폼(예: 유튜브, 넷플릭스)은 창작자보다 플랫폼이 더 큰 이익을 가져갔습니다. 하지만 이제부터 블록체인 기반 플랫폼은 창작자와 소비자가 직접 연결되고, 수익이 공정하게 분배될 것입니다.

긴장과 과제

물론 블록체인 자본주의는 아직 시험 단계입니다. 특히, 투기 과열, 즉 자산 가격 급등락은 여전히 블록체인 시장의 불안 요소입니다. 규제 공백도 국가 제도와의 충돌은 피할 수 없는 과제입니다.

또한, 윤리 문제 있어 과연 탈중앙화가 무조건 '선'은 아닙니다. 자율적 구조 속에서도 부정과 착취가 발생할 수 있습니다. 따라서 블록체인 자본주의는 전통 자본주의를 대체한다기보다, 보완하고 재구성하는 과정이라 할 수 있을 것입니다.

한편, 전통 자본주의는 효율과 성장을 만들어냈지만, 그 대가로 불평등과 독점을 심화시켰고, 블록체인 자본주의는 이를 참

여와 분산, 투명성으로 극복하려
는 새로운 길을 열고 있습니다.

이제 우리가 직면한 질문을 단
순하게 정리해 보면 "자본주의는
끝나는가, 아니면 진화하는가?"

블록체인 경제는 그 질문에 대
해 "진화한다."라는 가능성을 보
여주고 있습니다. 그리고 그 진
화는 단순한 기술 혁신이 아니라, 인류 사회의 가치와 철학을 새
롭게 물어가는 과정이 될 것입니다.

04. 탈중앙화가 바꾸는 자본과 사회

중앙집중의 시대에서

우리가 사는 현대 사회의 모든 질서는 "중앙"에 의해 운영되어 왔습니다. 은행은 우리의 돈을 관리했고, 정부는 법과 제도를 독점했으며, 기업은 시장을 장악했습니다. 우리는 그들의 신뢰를 전제로 생활했습니다. 하지만 이 구조는 한계를 드러냈습니다. 은행의 실패는 금융위기를 불러왔고, 플랫폼 기업의 독점은 개인정보 유출과 불평등을 낳았습니다. 권력이 중앙에 집중될수록, 다수는 배제되고 소수만 이익을 독점하게 됩니다.

탈중앙화의 도전

블록체인은 이러한 질서에 반기를 들었습니다. "왜 반드시 중앙이 필요할까? 사람들의 합의와 네트워크 자체가 신뢰의 기반이 될 수는 없을까?"라는 질문이 등장한 것입니다. 이 질문이 블록체인 탄생의 배경이 된 것입니다.

탈중앙화(Decentralization)는 곧 권력을 분산시키고, 신뢰를 네트워크에 위임하는 새로운 구조입니다. 은행이 아니라 코드가 거래를 증명하고, 회사가 아니라 커뮤니티가 의사결정을 내립니다.

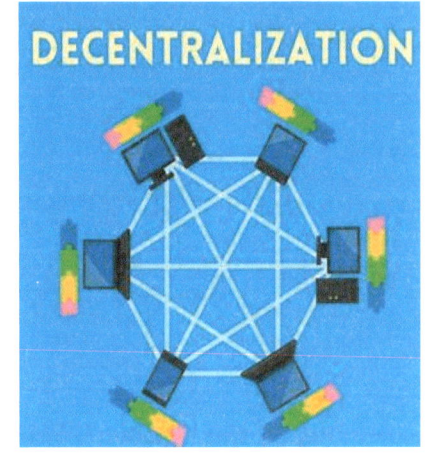

자본의 새로운 흐름

탈중앙화는 자본의 흐름을 바꿉니다. 금융, 은행 계좌 없이도 전 세계 누구에게나 돈을 보낼 수 있습니다. DeFi(탈중앙화 금융)는 대출, 예금, 보험을 중개자 없이 실행합니다.

투자, 주식시장처럼 기업만이 자금을 조달하는 것이 아니라, 작은 프로젝트도 토큰 발행으로 자금을 모을 수 있습니다(예, 클라우드 펀드 등).

창작, 음악가, 화가, 작가는 플랫폼 수수료 없이 자신의 NFT 작품을 세계에 판매할 수 있습니다. 자본이 더 이상 중앙의 문을 통과해야만 흐르는 것이 아니라, 사람과 사람 사이(P2P)에서 직접 오간다는 점이 가장 큰 혁신입니다.

사회의 새로운 질서

탈중앙화는 경제를 넘어 사회 질서도 바꾸고 있습니다. 정치와 거버넌스: DAO에서는 구성원 모두가 의사결정에 참여합니다. 소수 경영진이 아니라 전체 커뮤니티에서 투표로 규칙이 정해집니다.

공공 서비스, 토지 등기, 의료 기록, 학위 증명 같은 제도적 영역에서도 중앙기관 대신 블록체인 기록이 신뢰의 기반이 될 수 있습니다. 문화와 커뮤니티, 사람들은 국경과 제도를 초월해 블록체인 커뮤니티를 형성하고, 하나의 '디지털 부족(tribe)'으로 살아갑니다.

빛과 그림자

물론 탈중앙화는 완벽한 해결책이 아닙니다. 책임이 분산된 만큼 혼란과 갈등이 생길 수 있고, 익명성이 악용되면 범죄와 투기가 발생할 수 있으며, 국가와 제도의 틀과 충돌하면서 규제의 벽에 부딪히기도 합니다. 그러나 모든 새로운 패러다임이 그러했듯, 탈중앙화 또한 시행착오 속에서 성숙해 갈 것입니다.

결론 - 탈중앙화의 의미

탈중앙화는 단순한 기술적 유행이 아니라, 인류가 신뢰를 조직하는 방식의 근본적 전환입니다. 중앙 집중에서 분산으로/소수의 독점에서 다수의 참여로/배제의 구조에서 포용의 구조로 이 전환은 결국, 자본과 사회가 "모두를 위한 것"이 되는 길을 열어줄 것입니다.

한국의 고대 철학, 홍익인간, 널리 인간을 이롭게 한다가 기술과 결합할 때, 우리는 탈중앙화의 진정한 미래를 그려볼 수 있습니다.

05. 블록체인, 거버넌스와 권력의 미래

권력의 집중과 신뢰 위기

역사적으로 권력은 언제나 중앙집중화를 향해 움직여 왔습니다. 고대 왕정에서는 군주가 절대 권력을 쥐었고, 근대 이후에는 국가와 정부가 행정·법률·경제 권력을 관리했으며, 현대 자본주의 사회에서는 글로벌 기업과 금융기관이 권력의 핵심으로 부상했습니다. 이런 중앙집중적 권력 구조는 효율적이기는 하지만, 동시에 부패·불평등·신뢰 상실이라는 문제를 낳았습니다.

블록체인의 제안 – 권력의 분산

블록체인이 제시하는 가장 혁신적인 아이디어는 "탈중앙화"입니다. 이는 분산 장부 → 데이터와 기록을 특정 기관이 독점하지 않고, 네트워크 참여자 모두가 함께 보관·검증합니다. 이에 스마트 계약은 → 법률이나 제3자가 아니라 코드와 알고리즘이 신뢰를 보장합니다. 또한, 거버넌스의 투명성은 → 모든 의사결정과 자금 흐름을 실시간으로 추적할 수 있습니다. 이는 권력의 본질적 구조를 바꾸는 개혁적 시도이면서, "신뢰를 권력이 아니라 시스템에 맡기자"는 것입니다.

새로운 거버넌스 모델: DAO

블록체인 시대의 거버넌스를 대표하는 개념이 DAO(탈중앙화 자율조직)입니다. 직장 등 조직의 의사결정은 스마트 계약과 투표로 이루어집니다. 특히, 자금 운영은 블록체인에 공개되어 누구나 확인이 가능하게 만듭니다.

권위적 리더 없이도 커뮤니티가 스스로 관리·운영할 수 있게 됩니다. DAO는 아직 실험 단계지만, 예술 프로젝트·투자 펀드·시민단체 등 다양한 영역에서 실제로 운영되고 있습니다. 이는 미래의 정치·경제 조직 운영 방식에 새로운 가능성을 열어줄 것입니다.

국가 권력과 블록체인의 긴장

지금 블록체인은 기존 국가 권력과 마찰하면서 긴장관계를 형성하고 있습니다. 국가는 통제하려 하고, 블록체인은 자유를 확장하려 하고 있습니다. 국가는 세금과 규제를 부과하려 하고, 블록체인은 국경 없는 경제를 창조하려 합니다.

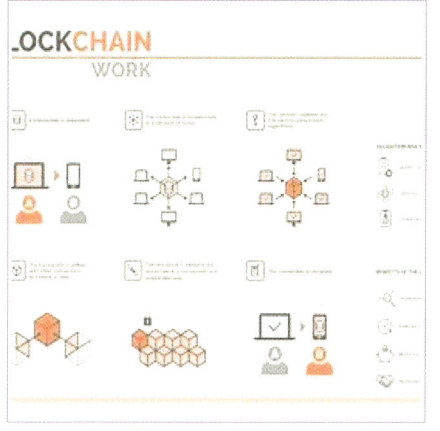

일부 국가는 블록체인을 적극 수용하지만, 다른 국가는 암호화폐를 금지하거나 강력히 규제하고 있습니다. 이 긴장은 앞으로 "국가 vs 네트워크 권력"이라는 새로운 시대적 갈등으로 확산될 수 있습니다.

권력의 미래: 블록체인 거버넌스의 전망

블록체인 식 거버넌스는 혼합 모델을 중시합니다. 완전한 탈중앙화가 아니라, 국가·기업·시민이 블록체인 네트워크를 공동 관리하는 하이브리드 거버넌스가 가능해집니다.

또한, 시민 권력의 강화되고, 투표·정책 결정·예산 배분이 블록체인 기반으로 이루어진다면, 시민은 더 큰 권한과 투명성을 가질 수 있습니다.

글로벌 네트워크 정부

국경을 넘어선 블록체인 커뮤니티가 국가의 경계를 넘어서 디지털 주권을 요구할 수 있습니다. 한편, 새로운 권력 집중의 위험이 도사리고 있습니다. 블록체인 채굴·운영을 장악한 소수 세력(대형 기업·국가)이 다시 권력을 집중시킬 가능성도 있습니다.

블록체인은 권력을 무너뜨리는 것이 아니라, 권력이 작동하는 방식을 근본적으로 바꾸고 있습니다. 중앙집중에서 분산과 투명성으로/국가 독점에서 시민 참여로/소수 엘리트의 결정에서 집단 지성의 운영으로, 궁극적으로 블록체인은 인류에게 "권력을 재설계할 기회"를 제공합니다. 그것이 성공할지 실패할지는, 기술 그 자체가 아니라 우리가 어떤 철학과 가치로 거버넌스를 설계하느냐에 달려 있습니다.

06. 공유경제, 협동조합, 그리고 블록체인의 만남

공유의 오래된 철학

사람은 혼자 살아갈 수 없습니다. 농경 사회에서는 공동체가 모여 논을 일구고, 수확을 나누어 가졌습니다. 이후, 산업화 시대에는 협동조합이 등장해 농민, 노동자, 소비자가 함께 힘을 모아 시장의 불공정에 맞섰으며. 이 모든 것은 "나 혼자가 아니라 함께 살아가기 위해 자원을 공유한다."라는 오래된 인간의 지혜였습니다.

21세기에 들어 '공유경제'라는 개념이 다시 떠올랐습니다. 자동차, 숙소, 사무실을 공유하는 서비스들이 우후죽순처럼 등장했습니다. 그러나 시간이 지나면서 우리는 깨달았습니다. 그것이 진정한 공유경제가 아니라는 사실을.

거대 플랫폼 기업이 소비자와 공급자를 연결했지만, 이익은 결국 플랫폼이 독점했고. 공유의 이름을 빌린 새로운 중앙 집중 모델을 만들었던 것입니다.

협동조합 정신과 블록체인의 철학

협동조합은 '1인 1표'라는 원칙으로, 자본의 크기가 아닌 참여의 평등을 강조합니다. 이 구조는 자본주의의 불평등을 완화하며 공동체적 가치를 지켜왔습니다.

블록체인은 이러한 협동조합 정신과 놀라울 만큼 닮아 있습니다. 분산 구조, 권력이 중앙에 집중되지 않고, 네트워크 참여자에게 고르게 분산합니다.

투명성은 모든 기록을 블록체인에 남아 누구든 검증할 수 있도록 합니다. 참여 보상, 토큰 이코노미를 통해 기여한 만큼 정당한 보상을 받을 수 있습니다.

즉, 블록체인은 협동조합적 가치(상생·평등·참여)를 디지털 시대에 맞게 기술로 구현하는 도구라 할 수 있습니다.

실제 사례들

플랫폼 협동조합+블록체인, 뉴욕에서는 택시 기사들이 대기업 승차 플랫폼에 종속되지 않고, 블록체인 기반 협동조합 플랫폼을 만들려는 시도가 있습니다. 기사와 승객 모두가 '사용자이자 주인'이 되는 새로운 형태입니다.

농업 협동조합, 일부 지역에서는 농민들이 블록체인을 통해 생산, 유통, 판매 과정을 투명하게 기록하고, 수익을 공정하게 분배하는 시스템을 실험 중입니다.

에너지 공유 프로젝트, 독일과 호주에서는 태양광 발전 주민 협동조합이 블록체인을 이용해 전력 생산과 거래를 직접 관리합니다. 중앙 전력회사가 아닌, 마을 주민들이 에너지를 나누고 이익을 공유하는 모델입니다.

무엇이 달라지는가?

진짜 공유경제, 플랫폼 기업이 독점하는 것이 아니라, 참여자 모두가 소유와 수익을 나는 구조입니다. 투명한 협동조합, 블록체인은 부정과 비리를 막고, 협동조합의 운영을 보다 효율적으로 만듭니다. 지속가능한 공동체, 공유와 상생의 철학이 기술로 보강되며, 지역 공동체와 글로벌 네트워크 모두 강화시키는 역할을 합니다.

공유경제가 상업화의 물결 속에서 왜곡된 지금, 블록체인은 다시금 원래의 가치를 불러내고 있습니다. 협동조합의 정신과 블록체인의 기술이 만날 때, 우리는 진정한 의미의 공유경제, 즉 참여자 모두가 주인이 되는 새로운 경제를 실현할 수 있습니다. 이것은 단순한 경제 모델의 변화가 아니라, 인류가 다시금 "함께 잘 사는 길"을 기술적으로 구현하는 시도가 될 것입니다.

07. DAO – 회사 없는 회사의 실험

회사라는 틀의 탄생과 한계

인류는 수백 년 전부터 회사를 만들어 공동의 목표를 추구해 왔습니다. 주주가 자본을 모으고, 이사회와 경영진이 의사결정을 내리며, 직원들이 일을 하는 구조, 즉 이 틀은 산업화와 자본주의의 발전을 이끌었지만, 동시에 그 한계를 드러내기도 했습니다.

권력은 소수 경영진에게 집중되고, 주주는 수익만 추구하며, 직원은 의사결정에서 배제되는 구조, 즉 회사는 있지만, 모두가 주인인 회사는 아니었습니다.

DAO의 등장 – 코드가 회사를 대신하다

DAO(Decentralized Autonomous Organization, 탈중앙화 자율조직)는 이런 전통적 회사를 근본적으로 뒤흔드는 개념입니다. DAO는 말 그대로 회사 없는 회사입니다. 중앙 경영자가 없습니다. 또 경영진이나 대표이사가 없습니다.

스마트 계약, 규칙과 운영 방식은 블록체인 코드 속에 미리 프로그래밍되어 있습니다.

참여=의사결정, 토큰을 보유한 누구나 의사 결정에 참여할 수 있고, 기여한 만큼 보상을 받습니다. 즉 DAO는 사람이 아니라 코드와 집단적 합의가 되어 회사를 운영하는 새로운 실험입니다.

실제 DAO의 사례들

더 다오(The DAO), 2016년 세계 최초의 대규모 DAO는 투자자들이 자금을 모아 블록체인 스타트업에 투자하는 구조였으나, 보안 취약점으로 해킹 사건이 발생해 큰 파장을 남겼습니다. 비록 실패였지만 DAO라는 개념을 전 세계에 알린 계기가 되었습니다.

메이커다오(MakerDAO), 오늘날 가장 성공적인 DAO 중 하나입니다. 스테이블코인 DAI를 운영하는 조직으로, 참여자들이 거버넌스를 통해 이자율, 담보 자산 종류 등을 결정합니다. 전통 은행처럼 중앙 통제자가 없는 '탈중앙 은행'이라 부릅니다.

PleasrDAO, ConstitutionDAO, PleasrDAO는 예술품과 NFT를 공동 구매하고 소유하는 DAO입니다. ConstitutionDAO는 미국 헌법 초판본 경매에 참여하기 위해 수만 명이 모여 결성된 DAO로, '디지털 시대의 공동 소유 실험'이 무엇인지 보여주었습니다.

DAO가 주는 새로운 가능성

민주적 기업 운영, 주주총회 대신 실시간 참여 민주주의가 가능합니다. 국경 없는 조직, 인터넷과 블록체인만 있으면 전 세계 누구나 참여할 수 있습니다. 투명성과 신뢰성, 모든 의사결정과 자금 흐름이 블록체인에 기록되므로 불투명한 비리를 줄일 수 있습니다.

넘어야 할 한계

물론 DAO에도 풀어야 할 과제가 있습니다. 특히, 법적 지위, 대부분의 나라에서 DAO는 아직 법적으로 '회사'로 인정받지 못합니다. 보안 문제, 코드의 취약점이 곧 조직의 취약점이 됩니다. 그리고 참여 피로, 너무 많은 의사결정 참여는 오히려 효율성을 떨어뜨릴 수 있습니다.

DAO는 아직 미완성입니다. 그러나 분명한 것은, 그것이 "조직은 반드시 회사 형태여야 한다."는 전통적 사고를 뒤집는 첫 번째 시도라는 점입니다.

앞으로 더 많은 DAO가 등장하고 진화할수록 우리는 질문하게 될 것입니다. "회사는 꼭 있어야 하는가, 아니면 협력의 새로운 방식이 더 나을 수 있는가?" DAO는 바로 그 질문에 대한 하나의 답을 보여주고 있는 것입니다.

08. 모두가 주인이 되는 경제를 향하여

소수가 아닌 다수의 시대

전통 자본주의에서 경제 권력은 늘 소수에게 집중되어 왔습니다. 은행, 대기업, 투자자 그룹이 자본을 독점했고, 노동자와 소비자는 그 구조 속에서 '사용자'나 '고객'에 머물렀습니다. 하지만 블록체인이 가져온 새로운 경제는 그 전제를 뒤흔들고 있습니다.

더 이상 "누가 주인인가?"라는 질문에 "기업"이나 "자본가"만 답할 수 없다는 지금의 사회입니다. 이제는 참여자 모두가 주인이 되는 경제가 가능해지고 있다는 증거이기도 합니다.

블록체인 경제의 핵심 - 참여=소유

블록체인 경제의 가장 큰 특징은 참여 자체가 곧 소유로 이어진다는 점입니다. 토큰 이코노미, 네트워크에 기여하는 사람은 토큰을 받는다는 것, 이는 단순한 '보상'이 아니라, 곧 지분이 된다는 것입니다.

DAO의 거버넌스, 의사결정 권한은 소수가 아닌 토큰 보유자 모두에게 돌아갑니다. 크리에이터 경제, 창작자가 플랫폼의 '노동자'가 아니라, 생태계의 공동소유자로 자리 잡아 갈 것입니다. 즉 참여자는 소비자이자 생산자, 그리고 공동소유자가 되는 구조입니다.

실제로 일어나고 있는 변화

게임 속 경제, 블록체인 게임에서는 플레이어가 캐릭터와 아이템을 소유하고, 이를 시장에서 자유롭게 거래합니다. 이는 단순한 '플레이'가 아니라, 참여자가 경제의 실질적 주체가 되는 예시입니다.

콘텐츠 플랫폼, 기존 플랫폼(유튜브, 스포티파이)은 수익 대부분을 플랫폼이 가져갔습니다. 하지만 블록체인 기반 플랫폼은 창작자와 팬이 직접 연결되어, 참여자 모두가 보상을 나누어 갑니다.

지역 공동체 경제, 일부 마을이

나 도시에서는 자체 토큰을 만들어, 지역 주민들이 상점·서비스·공공 활동에 사용하고 서로의 기여를 보상해 줍니다.

이는 블록체인 기술이 공동체적 자급경제를 가능케 하는 사례입니다.

홍익인간 정신과의 연결 – 철학적 의미

"모두가 주인이 되는 경제"는 단순한 기술적 혁신을 넘어, 철학적 의미를 갖습니다. 弘益人間, 널리 인간을 이롭게 한다. 블록체인은 이 오래된 가치를 현대적으로 구현하고 있습니다. 이익의 집중에서 분산으로, 경제적 권력이 소수가 아닌 다수에게 확산되는 계가가 됩니다. 함께 살아가는 경제, 경쟁이 아닌 상생, 독점이 아닌 공유의 길로 나아갑니다.

모두가 주인이 되는 경제는 아직 완벽하지 않습니다. 투기와 불안정성, 규제 문제는 여전히 존재합니다. 그러나 중요한 것은 방향성입니다. 아무리 좋은 기술과 제도 일지라도 선, 악은 반드시 존재합니다.

블록체인이 제시하는 새로운 경제 패러다임 속에서, 우리는 다시금 질문합니다. "경제는 소수를 위해 존재하는가, 아니면 모두를 위해 존재하는가?" 그 답을 향해 블록체인은 한 걸음씩 우리를 이끌고 있는 중입니다.

5장
블록체인과 사회

01. 민주주의와 블록체인, 더 나은 정치 가능할까 · 178
02. 디지털 커뮤니티, 새로운 사회 계약 · 181
03. 블록체인과 환경-전기 먹는 하마인가, 친환경 도구인가 · 184
04. 홍익인간 정신과 블록체인-모두를 이롭게 하는 기술 · 188

『경제의 변화는 곧 사회의 변화를 견인합니다.
민주주의, 환경, 공동체 문제를 다루며, 블록체인은 단순한 기술을 넘어 사회적 도구가 됩니다. 여기서 한국적 철학, 홍익인간 정신이 빛을 발합니다. "널리 인간을 이롭게 하라"는 정신이 블록체인과 만나, 모두를 위한 사회적 운동으로 확장됩니다.』
-본문 요약

블록체인은 단순한 기술이 아닙니다. 그것은 사회의 신뢰를 다시 세우고, 권력을 분산하며, 인간과 공동체의 관계를 새롭게 짜는 도구입니다.

우리는 금융에서, 유통에서, 문화와 교육, 정치에 이르기까지 블록체인이 스며드는 과정을 보았습니다. 그 모든 변화는 한 가지 메시지로 귀결되고 있습니다. "사회는 더 투명하고, 더 공정하며, 더 참여적인 방향으로 나아갈 수 있는 것인가."

물론 아직 갈 길은 멀고 치워야 할 허들이 있습니다. 규제와 불안정성, 투기적 위험은 여전히 존재합니다. 그러나 중요한 것은 가능성입니다. 블록체인은 경제와 사회를 모두의 것으로 되돌려주는 힘을 품고 있습니다. 앞으로의 사회는 이렇게 물을 것입니다.

"우리는 기술을 통해 소수를 이롭게 할 것인가, 아니면 모두를 이롭게 할 것인가?" 블록체인의 길 위에서, 그 답은 이미 드러나고 있는 중입니다.

01. 민주주의와 블록체인, 더 나은 정치 가능할까

민주주의의 오래된 약속과 흔들림

민주주의는 "모두가 참여하고, 모두가 결정한다."라는 이상을 바탕을 근본으로 생각합니다. 그러나 실제 민주주의는 언제나 그 이상과 현실 사이에서 차이와 긴장을 겪어왔습니다.

지금도 계속되고 있는 선거 부정과 조작 의혹, 정치권력의 집중과 불투명한 정책 결정, 참여와 표현의 기회가 특정 집단에만 편중되는 문제를 지금의 민주주의 해결을 못 하고 있는 형편입니다. 이런 문제들이 반복될수록 사람들은 의문을 갖습니다. 과연 "민주주의는 정말 모두의 것인가, 아니면 소수 권력자의 도구인가?"

블록체인이 던지는 새로운 제안

블록체인은 민주주의의 원리를 더 투명하게, 더 실질적으로 구현할 수 있는 기술적 토대를 제공합니다. 투표 시스템, 블록체인 기반 전자투표는 기록이 조작 불가능하고 누구나 검증할 수 있습니다. "결과를 믿으라"가 아니라, 모두가 직접 확인한다는 방식입니다. 참여 민주주의, 정책 제안, 예산 집행 등도 블록체인 플랫폼에서 공개적으로 이루어지며, 시민은 수동적 유권자가 아니라 적극적 참여자가 됩니다. 이게 탈중앙 거버넌스입니다.

즉, 정치 권력이 한 손에 집중되지 않고 네트워크 속 다수의 합의로 분산됩니다.

실제 사례들

에스토니아 전자정부(e-Estonia), 세계에서 가장 앞선 디지털 민주주의 국가 중 하나입니다. 블록체인 기반 시스템을 활용해 주민등록, 세금, 의료 기록, 투표까지 전자화하고 투명하게 운영하고 있습니다.

스위스의 지역 투표 실험, 일부 지방정부는 블록체인 전자투표 시스템을 시범 운영하여 주민들이 직접 거버넌스에 참여할 수 있도록 했습니다. DAO 거버넌스 모델, 블록체인 생태계에서는 이미

DAO를 통해 예산 사용, 프로젝트 방향, 규칙 제정을 참여자 투표로 결정하고 있습니다. 이는 작은 실험이지만, 미래 민주주의의 '축소판' 역할을 할 수 있을 겁니다.

가능성과 과제

가능성 분야에서 블록체인은 투명성과 참여를 극대화하여, 신뢰할 수 있는 민주주의를 구현할 수 있습니다. 블록체인의 현 과제로는 디지털 격차, 보안 문제, 과도한 참여 피로 등은 풀어야 할 숙제입니다. 또한 권력이 완전히 분산될 때, 효율성과 책임성이 약화될 위험도 존재합니다.

민주주의는 언제나 '이상'과 '현실' 사이의 간극 속에서 발전해 왔습니다. 블록체인은 그 간극을 좁히려는 하나의 도전일 수 있습니다.

선거 부정 대신 투명한 투표/정치 엘리트 대신 참여 시민/불신의 정치 대신 코드가 보장하는 신뢰를 줄 수 있을 겁니다.

블록체인은 민주주의의 오래된 약속, 즉 "권력은 국민에게서 나온다."라는 선언을 통해 다시금 기술적으로 실현할 수 있는 새로운 길을 제시하고 있습니다.

02. 디지털 커뮤니티, 새로운 사회 계약

전통적 사회 계약의 균열

근대 국가의 뿌리에는 사회 계약이라는 개념이 있습니다. 시민은 국가에 세금을 내고, 국가는 시민의 안전과 권리를 보장합니다. 그러나 오늘날 우리는 묻습니다. "과연 이 계약은 여전히 유효한가?"

글로벌 자본의 힘은 국가보다 커졌고, 디지털 플랫폼은 개인의 삶을 통제하고 있습니다. 즉 국가와 사회의 경계가 흐려지면서, 전통적 사회 계약은 균열을 드러내고 있는 중입니다.

디지털 커뮤니티의 부상

이런 시대에 사람들은 새로운 형태의 공동체를 찾을 수밖에 없습니다. 그것이 바로 디지털 커뮤니티입니다.

국경 없는 공동체의 블록체인과 인터넷은 국적, 언어, 신분을 초월한 연결을 만들어 줍니다.

참여 기반의 연대는 같은 관심사, 같은 목표를 가진 사람들이 모여 자율적으로 조직화되어 갑니다. 경제적 자율성, 자체 토큰과 DAO를 통해 커뮤니티가 자체 경제 시스템을 갖출 수 있습니다. 즉 디지털 커뮤니티는 더 이상 단순한 "온라인 모임"이 아닙니다. 새로운 사회적·경제적 주체로 부상하고 있는 중입니다.

실제 사례들

ConstitutionDAO, 미국 헌법 초판본을 공동 구매하기 위해 전 세계 수만 명이 블록체인 커뮤니티로 모였습니다. 이들은 국적도, 신분도 달랐지만, 하나의 목표를 위해 자발적으로 조직되고 자금을 모았습니다.

Steemit, 블록체인 기반의 소셜미디어 플랫폼입니다. 사용자는 단순히 콘텐츠를 소비하는 것이 아니라, 글을 쓰고 평가하는 활동 자체가 토큰 보상으로 이어져, 커뮤니티가 스스로의 경제를 형성합니다.

Play-to-Earn 게임 커뮤니티, 단순한 게임 유저 집단이 아니라, 경제적 수익을 공유하는 글로벌 커뮤니티로 발전하고 있습니다. 이는 온라인 게임이 사회적 계약과 경제 활동의 장으로 확장되는 사례가 되고 있습니다.

새로운 사회 계약의 가능성

디지털 커뮤니티는 국가가 맺어온 사회 계약을 대체하지는 못합니다. 하지만 새로운 가능성을 보여주고 있습니다. 특히, 권리와 책임의 재정의를 통해 참여자는 소비자가 아니라 공동 운영자이자 공동 소유자가 될 수 있습니다.

투명한 계약, 블록체인 기록은 누구도 조작할 수 없는 새로운 '계약서'입니다.

지구적 연대, 특정 국가가 아닌, 인류적 차원에서 맺는 새로운 공동체 계약의 가능성이 열리는 중입니다.

디지털 커뮤니티는 우리가 사는 사회의 구조를 다시 묻고 있습니다. "국가와 시민만이 사회 계약의 주체인가?" "아니면 새로운 기술과 공동체가 또 다른 계약을 만들 수 있는가?"

블록체인 기반 디지털 커뮤니티는 21세기의 사회 계약설을 시도하고 있습니다. 그것은 아직 미완성이지만 인류가 더 넓은 차원의 공동체와 연대를 모색하는 하나의 길을 보여주고 있습니다.

03. 블록체인과 환경-전기 먹는 하마인가, 친환경 도구인가

논란의 시작

비트코인이 세상에 알려졌을 때 사람들은 그 기술적 혁신에 놀랐습니다. 하지만 많은 사람들은 곧 또 다른 질문이 했습니다. "블록체인은 환경을 파괴하는가?"

특히 비트코인 채굴 과정에서 사용되는 막대한 전기가 논란의 중심에 있습니다. 많은 비트코인 채굴자들은 복잡한 수학 문제를 푸는 경쟁을 벌이며, 엄청난 전력을 소모하고 있습니다. 그래서 일부 언론은 블록체인을 '전기 먹는 하마'라 부르기도 합니다.

실제 에너지 소비의 그림자

비트코인 네트워크가 1년 동안 사용하는 전력은 한 국가 전체의 소비량과 맞먹는다는 보고가 있습니다. 특히, 탄소 배출은 심각

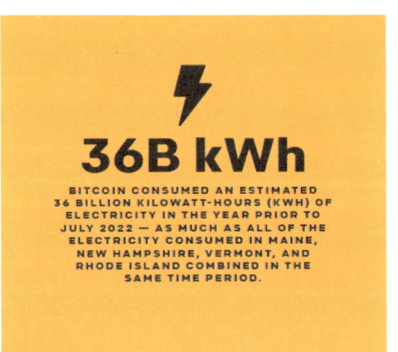

한 문제입니다. 채굴에 쓰이는 전력이 화석 연료에 의존할 경우, 블록체인은 기후 위기를 악화시킬 수 있습니다.

지역적 부작용, 채굴 산업이 특정 지역에 몰리면 전력 부족과 환경 피해 문제가 나타나기도 한다. 이런 이유로 환경 단체와 일부 정부는 블록체인, 특히 비트코인을 강하게 비판합니다.

새로운 해법의 모색

그러나 블록체인이 반드시 환경의 적인 것만은 아닙니다. 오히려 더 친환경적인 길을 모색할 수 있습니다. 기존 비트코인의 방식(Proof of Work, 작업 증명)은 에너지 소모가 크다는 우려가 있습니다. 그러나 합의 알고리즘의 진화를 통해 이더리움은 Proof of Stake(지분 증명) 방식으로 전환하여 전력 소모를 99% 이상 줄였습니다.

이는 "전기 먹는 하마"라는 비판에 대한 기술적 대답입니다.

재생 에너지 활용, 일부 채굴 업체는 태양광, 풍력 등 재생에너지를 활용하여 '친환경 채굴'을 실험하고 있습니다. Surplus Energy(잉여 전력)를 활용해 버려지는 전기를 효율적으로 사용하는 시도도 늘고 있습니다.

환경 관리 도구로서의 블록체인, 블록체인은 탄소 배출권 거래 시스템을 투명하게 기록하고 관리하는 데 활용될 수 있습니다. 각종 거래 등 공급망 관리에 활용될 때, 불법 벌목이나 어획을 추적해 환경 보호를 강화하는 역할을 기대하고 있습니다.

양면성의 진실

블록체인은 환경에 영향을 주지만, 친환경 도구가 될 수도 있습니다. 그것은 "어떤 기술을 선택하느냐, 어떤 방식으로 운영하느냐"에 달려 있습니다. 낡은 채굴 방식에 머문다면 비판은 계속될 것입니다. 하지만 새로운 합의 알고리즘, 재생 에너지와의 결합, 친환경 관리 시스템으로 확장된다면, 블록체인은 오히려 지속가능성을 높이는 도구가 될 수 있습니다.

블록체인은 '전기 먹는 하마'라는 낙인과 '지속가능한 기술'이라는 가능성 사이에서 여전히 논쟁 중입니다. 중요한 것은 이 기술을 어떤 철학과 가치로 운영할 것인가 입니다. 블록체인은 인류의 환경 위기를 심화시킬 수도, 혹은 극복의 도구가 될 수도 있습니다. 이제 선택은 우리에게 달려 있습니다.

04. 홍익인간 정신과 블록체인
- 모두를 이롭게 하는 기술

홍익인간, 오래된 미래의 정신

홍익인간(弘益人間)은 고조선 건국이념으로 "널리 인간을 이롭게 한다."는 뜻을 지니고 있습니다. 단순히 한 민족의 건국 철학에 그치지 않고, 모두가 함께 잘 살아가야 한다는 인류 보편의 이상을 담고 있는 것입니다.

이 정신은 농경 사회의 공동체적 삶 속에서 구체화되었고, 조선시대 성리학적 도덕 윤리에도 스며들어 있었습니다.

그러나 산업화와 자본주의가 본격화되면서, 사회는 점점 개인과 소수의 이익을 중심으로 돌아가기 시작했습니다. 오늘날 불평등, 독점, 환경 위기 앞에서 인류

는 다시 묻고 있습니다.

"경제는 누구를 위한 것인가?"

"기술은 모두를 위한 도구가 될 수 있는가?"

블록체인과 홍익정신의 만남

블록체인은 기술적 구조 자체가 홍익인간 정신을 현대적으로 구현할 수 있는 가능성을 품고 있습니다. 특히 분산(탈중앙화), 권력과 자본이 소수에게 집중되지 않고, 참여자 모두에게 분산됩니다. 공유와 상생은 기여한 만큼 보상이 돌아가는 참여=소유 모델은, 모두를 이롭게 한다. 라는 철학과 맞닿아 있습니다.

블록체인의 투명성 거래 기록이 누구에게나 공개되는 구조는 신뢰 사회를 가능케 하고 있습니다. 즉 블록체인은 홍익인간 정신을 철학이 아니라 기술적 현실로 구체화할 수 있는 장치가 되고 있습니다.

사례를 통해 본 구현

지역 토큰과 커뮤니티 경제, 블록체인 기반의 지역 화폐는 마을 주민들이 서로의 노동과 상품을 교환하고, 지역 공동체를 강화시키는 역할을 하고 있습니다. 이는 '함께 살아가는 경제', 곧 홍익정신의 경제적 구현입니다.

DAO(탈중앙 자율조직)와 공동 의사결정, DAO에서는 모든 참여자가 의사결정에 참여하고, 결과를 함께 나누고 있습니다. 이는 특정 리더나 집단이 아닌 모두의 이익을 지향하는 공동체적 운영을 가능케 하고 있습니다.

환경·사회적 투명성, 공급망 추적에 블록체인을 활용하면, 불법 자원 채굴이나 인권 침해 없는 상품만 선택할 수 있게 됩니다. 이는 "사람을 이롭게 하는 기술"의 구체적 활용입니다.

세계 속에서의 한국적 가치 확장

이 분야에서 흥미로운 점은 홍익인간 정신이 한국만의 사상이 아니라는 것입니다. 그것은 인류 보편적 가치인 상생, 공존, 모두를 위한 번영과 맞닿아 있습니다. 오늘날 한국이 블록체인 강국으로 주목받는 이유는 단순히 기술력이 아니라, 이러한 철학적 토대와 맞물려 있을지도 모릅니다. 그래서 "블록체인은 곧 홍익정신의 세계적 구현 도구"가 될 수 있다는 것입니다.

홍익인간 정신은 "사람을 널리 이롭게 한다."는 오래된 철학이지만, 블록체인을 통해 우리는 그것을 21세기 경제·사회 시스템 속에서 되살릴 수 있다는 확신입니다.

경쟁에서 협력으로/독점에서 공유로/소수의 이익에서 모두의 이익으로, 이 길 위에서 블록체인 경제는 단순한 기술 혁신을 넘어, 인류적 가치의 재발견이 될 것입니다.

홍익인간, 다시 처음으로 그 오래된 말은 이제 더 이상 과거의 건국이념이 아닙니다. 블록체인이라는 새로운 길 위에서, 우리는 다시금 서로를 이롭게 하고, 함께 번영하는 미래를 꿈꿀 수 있다는 증명입니다.

기술은 결국 도구일 뿐이다. 그러나 그 도구에 어떤 정신을 담는가에 따라 문명의 방향은 달라집니다. 그리고 지금 블록체인은 우리에게 이렇게 속삭이고 있을 것입니다. "널리 인간을 이롭게 하라. 그것이 곧 너희의 미래다."

6장
블록체인과 문화

01. 블록체인과 WEB3.0가 여는 문화 페러다임 · 197
02. NFT와 예술혁명-예술의 가치는 어디서 오는가 · 199
03. 음악과 창작자의 새로운 무대 · 205
04. 게임과 가상세계 · 211
05. 커뮤니티와 팬덤의 진화 · 216
06. 문화민주주의의 가능성 · 221

『"문화는 더 이상 소수의 전유물이 아닙니다.
블록체인은 예술과 음악, 게임과 팬덤을 창작자와 대중이 함께 소유하고 만들어가는 새로운 무대로 바꿔놓고 있습니다."
"DAO와 토큰은 팬덤을 참여 민주주의의 장으로 바꾸어 가고 있습니다. 블록체인은 문화를 상품에서 공동체적 자산으로, 독점에서 공유로 전환시키는 힘입니다."』-본문 요약

문화 패러다임의 전환

디지털 기술은 우리의 문화적 경험 방식을 바꾸어 왔습니다. 이제 블록체인은 단순한 기술을 넘어, 소유·창작·유통의 질서 자체를 바꾸는 문화적 혁신으로 등장하고 있습니다. 이 장은 블록체인이 만들어내는 새로운 문화 패러다임의 출발점을 다룰 것입니다.

패러다임 전환이란 무엇인가

토머스 쿤은 과학사에서 "패러다임 전환(paradigm shift)"이 어떻게 일어나는지를 설명했습니다. 한 시대의 세계관과 규범이 한계에 부딪히면, 전혀 다른 사고의 틀이 등장해 새로운 표준을 만들어 냅니다.

패러다임 측면에서는 문화도 마찬가지입니다. 삶의 방식, 예술과 미디어, 가치와 제도가 바뀌면서 새로운 시대의 문화 패러다임이 열립니다.

산업사회에서 디지털 사회로

20세기의 문화 패러다임은 산업화와 대량생산의 산물이었습니다. 이에 대중매체 → 라디오, TV → 문화 소비의 표준화로 대형화를 선도 했으며, 대량생산 → 헐리우드 영화, 팝음악 → 세계적 확산되었습니다. 한편, 자본 중심 → 문화 = 상품화된 소비재로 그 규모가 확대되었습니다.

그러나 21세기 들어 디지털 네트워크가 새로운 문화의 장을 열었습니다. 이에 인터넷 → 정보의 민주화가 되고, SNS → 개인의 발언권 확대되었으며, 스트리밍 → 음악·영화 유통의 혁명을 이룩했습니다. 이제 문화는 더 이상 소수의 제작자가 공급하는 '완제품'이 아니라, 모두가 참여하고 공유하는 과정이 되었습니다.

01. 블록체인과 Web3가 여는 문화 패러다임

블록체인과 Web3.0은 디지털 문화의 흐름을 한 단계 더 바꾸어 갈 것입니다. 첫 번째, 소유의 전환 → NFT를 통해 창작물의 디지털 희소성이 보장되고, 두 번째, 창작자 경제 → 음악가, 화가, 작가가 중개 플랫폼 없이 직접 수익을 창출하며, 세 번째, 커뮤니티 기반 → 팬과 창작자가 함께 생태계를 만들고, 토큰으로 참여와 그에 따른 보상을 받으며, 메타버스 문화 → 가상공간 속에서 공연, 전시, 모임이 일상화되어 갈 것입니다. 이는 "소비자 중심 문화"에서 "참여자 중심 문화"로의 전환입니다.

문화 가치관의 변화

새로운 문화 패러다임은 단순한 기술적 변화가 아니라 가치의 변화를 동반합니다. 이에 독점 → 공유로 스트리밍, 크리에이티브 커먼즈, 오픈소스 문화로 전환되고, 문화의 수직적 구조 → 수평적인 제작자-소비자의 위계 붕괴, 쌍방향 소통이 강화되어, 개인 → 공동체로 나만의 경험보다 함께 나누는 경험 중시하는 사회로, 물질보다는 의미에, 소유보다 정체성과 가치관 표현을 중시하는 페러다임 시프트가 이루어질 것입니다.

문화 패러다임 전환이 주는 미래

경제적 전환은 문화가 더 이상 단순 소비재가 아니라 플랫폼과 네트워크 기반 자산이 되고, 사회적 전환 → 누구나 창작자가 되고, 누구나 영향력을 발휘하는 "문화 민주주의"가 확산될 것입니다. 정신적 전환 → 문화가 단순 오락을 넘어 자기표현·공동체적 의미·인류적 가치의 장으로 확장해 나갈 것입니다.

문화 패러다임의 전환은 기술의 진보에서 비롯되지만, 그 본질은 인간 삶의 방식과 가치관의 변화입니다. 이에 과거에는 소수의 제작자 → 지금은 다수의 소비자, 현재 → 모두가 창작자, 모두가 참여자이지만, 미래는 문화=공동체적 자산, 삶의 의미를 나누는 장이 될 것입니다.

결국 문화 패러다임의 전환은 "나의 삶"이 곧 "우리의 이야기"가 되는 과정이며, 이는 디지털 문명 전환 속에서 가장 깊은 차원의 혁명이라 할 수 있습니다.

02. NFT와 예술 혁명-예술의 가치는 어디에서 오는가?

디지털 시대의 예술은 무한 복제가 가능하다는 한계에 부딪혀 왔습니다. 그러나 NFT는 디지털 작품에 '원본성'과 '소유권'을 부여하며 새로운 예술 시장을 열었습니다. 이 장에서는 NFT 아트의 가능성과 위험, 그리고 예술가와 팬의 새로운 관계를 탐구합니다.

디지털 예술의 딜레마: 복제와 소유

수백 년 동안 예술의 가치는 '원본성'과 '희소성'에 의해 결정되었습니다. 피카소의 원화, 로댕의 조각은 오직 하나이기에 소중하고, 그 유일성과 희소성은 곧 경제적 가치를 만들어냈습니다. 그러나 디지털 시대가 열리면서 이 전제가 흔들렸습니다. 사진, 음악, 영상은 클릭 한 번으로 무한 복제되고, 누구나 같은 파일을 가질 수 있습니다.

디지털 예술가는 "내 작품의 원본은 어디에 있는가?", "내가 만든 것이 내 것임을 어떻게 증명할 수 있는가?"라는 근본적 질문 앞에 서야 했습니다. 이때 등장한 것이 바로 대체 불가능 토큰, NFT(Non-Fungible Token)입니다.

NFT, 예술의 새로운 원본

NFT는 블록체인 기술을 기반으로, 디지털 파일에 유일한 '소유권 증명서'를 부여합니다. 그림 파일, 음악, 동영상, 밈(Meme)까지 어떤 디지털 자산도 NFT로 발행이 가능하며, 블록체인에 기록된 소유권 정보는 위조나 삭제가 불가능합니다.

누구나 작품을 볼 수 있지만, 진짜 소유자는 블록체인 기록으로만 증명됩니다. 이는 디지털 예술에 '원본'이라는 새로운 가치를 부여했습니다. NFT는 단순히 기술이 아니라, 예술이 디지털 환경에서 존속할 수 있는 철학적 토대가 될 것입니다.

시장의 폭발적 성장

2021년, NFT 시장은 불과 1년 만에 수십 배 성장하며 약 250억 달러 규모에 도달했습니다.

디지털 아티스트 비플(Beeple)의 작품 "Everydays: The First 5000 Days"가 경매에서 6,930만 달러에 판매되며 세계 언론의 주목을 받았습니다.

NBA는 농구 하이라이트 장면을 NFT로 발행해 수천만 달러의 매출을 기록했습니다. 음악가들은 음원을 NFT로 발행해 팬들과 직접 연결되었고, 일부는 전통 음반사 없이도 큰 수익을 거두었습니다. 이런 현상은 NFT가 단순한 '유행'이 아니라, 예술 시장의 구조 자체를 흔드는 경제적 사건임을 보여줍니다.

창작자 중심 경제로의 전환

전통 미술 시장은 창작자보다 갤러리, 경매사, 중개 플랫폼이 더 큰 이익을 가져갔습니다. 창작자는 최초 판매에서만 수익을 얻고, 작품이 수십억 원에 재판매되더라도 그 혜택을 누리지 못했습니다. 그러나 NFT는 이 구조를 뒤집습니다.

스마트 계약을 활용하면 작품이 2차·3차 거래될 때마다 창작자에게 자동으로 로열티가 지급됩니다. 예술가는 더 이상 단발성 판매에 의존하지 않고, 자신의 창작물이 오랫동안 시장에서 살아 움직이는 동안 꾸준히 보상을 받을 수 있습니다. 이는 창작자 권리 회복이자, 예술 경제의 근본적 전환입니다.

커뮤니티와 거버넌스의 혁신

NFT는 예술을 단순히 사고파는 대상에서 참여와 공동체 경험의 장으로 확장시켰습니다. NFT 프로젝트의 가치는 종종 커뮤니티의 규모와 열정에서 비롯됩니다. 일부 프로젝트는 DAO(탈중앙화 자율조직) 형태로 운영되며, 토큰 보유자가 전시 기획, 프로젝트 방향, 수익 배분에 직접 참여합니다.

예를 들어, PleasrDAO는 전 세계 투자자들이 모여 공동으로 NFT 작품을 소유하고 관리하는 집단입니다. 이러한 구조는 예술을 "소수 수집가의 사적 소유"에서 "커뮤니티가 함께 가꾸는 공공적 자산"으로 이동시켰습니다.

독자와 함께 하는 철학적 질문: 예술이란 무엇인가

NFT는 우리에게 다시 근본적 질문을 던집니다. 예술의 가치는 미적 아름다움에서 오는가, 아니면 블록체인에 기록된 희소성에서 오는가? "소유"란 단순히 파일을 갖는 것인가, 아니면 네트워크가 인정한 권리를 가지는 것인가?

이에 예술은 이제 창작자의 손에서만 완성되는가, 아니면 커뮤니티가 함께 만들어가는 과정인가? NFT는 예술을 물리적 실체에서 해방시키고, 상징·정체성·경험이라는 새로운 차원으로 끌어올리고 있는 중입니다.

NFT의 도전과 과제

물론 NFT 예술 혁명은 아직 초기 단계이고, 해결해야 할 문제가 많습니다.

첫 번째, 투기적 버블 → 일부 작품은 예술적 가치보다 가격 상승 기대만으로 거래되고 있습니다.

두 번째, 저작권 문제 → 소유권과 저작권이 혼동되며, 무단 도용 NFT 발행 사례 다수 있습니다.

세 번째, 환경 논란 → 일부 블록체인의 높은 에너지 소비 → 친환경 대안 필요하고,

네 번째, 지속 가능성 → '유행'이 아니라 진정한 예술 생태계로 자리 잡을 수 있을지 검증이 필요합니다.

NFT는 단순한 기술적 혁신을 넘어, 예술의 존재 방식과 경제 구조, 문화적 권력 지도를 바꾸고 있습니다. 경제적으로 창작자는 지속적 수익을 확보하고, 대중은 예술 투자에 참여할 수 있습

니다. 문화적으로 예술은 더 이상 상류층의 전유물이 아니라, 디지털 공동체가 공유하는 자산이 됩니다.

또한, 철학적으로 예술은 '소유와 가치'라는 근본적 질문을 다시 묻는 장이 되었습니다. NFT는 아직 미완의 실험이지만 분명한 것은 이것이 예술의 민주화, 경제적 재편, 문화적 전환을 동시에 이끌고 있다는 사실입니다. 그렇기에 우리는 지금, 역사 속에서 "예술 혁명"의 한 장면을 목격하고 있는지도 모릅니다.

03. 음악과 창작자의 새로운 무대

블록체인 기반 음원 유통은 중간 플랫폼을 거치지 않고 아티스트와 팬이 직접 연결하게 됩니다. 팬들은 토큰을 통해 창작에 참여하거나 아티스트를 지원하고, 아티스트는 수익을 공정하게 나눌 수 있습니다. 이 장은 메타버스 콘서트와 블록체인 티켓이 음악 문화를 어떻게 바꾸는지를 보여 줄 것입니다.

음반에서 스트리밍까지, 음악 산업의 굴곡

20세기 음악 산업은 물리적 음반을 중심으로 성장했습니다. LP와 CD는 한 시대를 대표하는 문화적 상징이었고, 음반사는 음악 유통의 권력을 독점했습니다. 대중은 곡이 아니라 '앨범'을 구매해야 했고, 수익 구조는 기획사와 유통사가 대부분 가져갔습니다.

21세기에 들어서면서 디지털 다운로드와 스트리밍이 등장했습니다. 이에 아이튠즈, 스포티파이, 멜론과 같은 플랫폼은 전 세계 음악 소비 방식을 혁신했지만, 동시에 창작자에게 돌아가는 수익은 여전히 미미했습니다. 스트리밍 1회 재생으로 뮤지션이 얻는 금액은 몇 원에 불과합니다.

여전히 "음악은 전 세계적으로 소비되지만, 정작 창작자의 지갑은 비어 있다." 이 모순은 창작자들이 새로운 무대를 찾도록 만들었습니다.

창작자 경제의 부상

오늘날 우리는 크리에이터 이코노미(Creator Economy)라는 흐름 속에 있습니다. 유튜브, 틱톡, 사운드클라우드 같은 플랫폼은 누구나 자신의 음악을 발표할 수 있게 했습니다. 팬들은 좋아하는 아티스트를 직접 팔로우하고, 음악은 점점 '콘텐츠'이자 '커뮤니티 언어'가 되었습니다. 그러나 여전히 문제는 남아 있습니다.

대형 플랫폼 수수료와 알고리즘이 창작자와 팬 사이를 가로막습니다. 아티스트는 음악을 창작하는 것보다 조회 수를 확보하기 위한 마케팅에 더 많은 에너지를 써야 합니다. 이에 따른 창작자는 더 이상 단순히 노래를 만드는 사람이 아니라, 자신만의 경제와 공동체를 꾸려야 하는 시대를 맞이했습니다.

블록체인과 NFT, 새로운 무대의 등장

블록체인과 NFT는 음악 창작자에게 전혀 다른 무대를 열어주었습니다.

- 직접 소유와 판매 → 아티스트는 음원을 NFT로 발행해 직접 팬에게 판매할 수 있습니다. → 팬은 단순 소비자가 아니라 작품의 공동 소유자가 되어 아티스트의 성장에 투자할 수 있게 되었습니다.

- 지속적 수익 구조 → 스마트 계약을 통해 음원이 2차 거래될 때마다 창작자는 자동으로 로열티를 받습니다. → 이는 음반사와 스트리밍이 독점하던 권리를 창작자에게 돌려주는 구조입니다.

- 커뮤니티와 거버넌스 → 팬들은 토큰을 통해 단순히 음악을 듣는 것을 넘어 → 앨범 제작 방향 투표 → 공연 기획 참여 → 한정판 음원, 굿즈, 콘서트 티켓 우선권 확보와 같은 활동에 참여할 수 있습니다. 음악은 더 이상 '완성된 상품'이 아니라, '팬과 창작자가 함께 만들어가는 과정'이 되어 갑니다.

블록체인과 NFT, 새로운 사례들

킹스 오브 리온(Kings of Leon)은 2021년 세계 최초로 정규 앨범을 NFT 형태로 발행했습니다. 구매자는 한정판 아트워크, 평생 콘서트 티켓 등의 권리를 함께 얻었습니다. 인디 아티스트들은 사운드.xyz, 아우디오(Audius) 같은 블록체인 기반 플랫폼에서 팬과 직접 연결되어 자율적 수익 구조를 창출하고 있습니다.

한국에서도 K-POP 아티스트들이 팬덤을 위한 NFT 굿즈, 음원, 메타버스 콘서트를 실험하고 있습니다. 이는 음악 산업의 중심이 거대 기획사에서 창작자 개인과 팬 공동체로 이동하고 있음을 보여줍니다.

블록체인과 NFT, 문화적 의미 – 음악의 민주화

이 변화는 단순히 기술 혁신을 넘어, 음악의 본질적 가치를 새롭게 묻습니다. 음악에 대한 본질적 가치로

첫 번째, 소유의 민주화 → 음반사가 아닌 팬이 직접 음악을 소유하고 거래하며,

두 번째, 참여의 민주화 → 팬은 수동적 소비자가 아니라 창작 과정의 동반자로 함께 하며,

세 번째, 가치의 민주화 → 아티스트의 음악적 진정성이 직접적으로 보상받는 구조입니다.

음악은 더 이상 상품이나 배경음악이 아니라 정체성과 소속감, 공동체적 경험을 나누는 장이 되어가고 있습니다.

블록체인과 NFT, 도전과 과제

물론 새로운 무대는 여전히 실험적이며 여러 과제를 안고 있습니다. 특히, 투기적 NFT 시장 → 예술성보다 가격 변동성에 집중하는 경향이 있으며, 법적·제도 문제 → 저작권과 소유권의 경계가 불명확합니다. 또한, 접근성 문제 → 블록체인 지갑, 암호화폐 구매 등은 여전히 진입 장벽이 높고, 지속 가능성 측면에서 장기적으로 창작자가 안정적 수익을 얻을 수 있을지 검증이 필요합니다.

음악과 창작자의 새로운 무대는 이미 열렸습니다. 음반사와 스트리밍 중심 구조가 아니라, 창작자와 팬이 직접 연결되는 블록체인 기반의 생태계, 이에 음악은 상품이 아니라 공동체적 자산으로 자리 잡아가고 있습니다.

이 무대 위에서 음악은 다시금 본래의 힘을 되찾습니다. 사람들을 연결하고, 정체성을 표현하며, 삶을 위로하는 예술로서의 역할 말입니다. 우리는 지금, 음악이 '산업'에서 '공동체적 경험'으로 넘어가는 거대한 패러다임 전환의 한복판에 서 있습니다.

04. 게임과 가상 세계

게임 산업은 가장 빠르게 블록체인을 받아들인 문화 영역입니다. '플레이 투 언(Play-to-Earn)' 모델은 게이머가 단순한 소비자가 아니라 경제적 주체로 참여하도록 만들어 줍니다. 이 장은 아바타·아이템의 소유권, 그리고 메타버스와 연결된 게임 문화의 미래를 다룹니다.

놀이에서 세계로

인류에게 게임은 언제나 단순한 오락 이상의 의미를 지녔습니다. 고대에는 주사위와 바둑판이 운명과 전략을 실험하는 장이었고, 산업사회에서는 오락실 게임과 콘솔이 세대 문화의 중심이 되었습니다.

21세기 들어 게임은 단순한 놀이를 넘어 하나의 세계가 되었습니다. 월드 오브 워크래프트와 같은 MMORPG는 수백만 명이 동시에 접속해 가상의 사회를 형성했습니다. 포트나이트, 리그 오브 레전드는 단순한 게임이 아니라 음악 공연, 사회적 이벤트, 패션 마케팅의 무대로 기능했습니다. 이제 게임은 이제 '놀이'가 아니라, 현실을 확장하는 가상 세계가 되었습니다.

메타버스, 현실과 가상의 경계 해체

"메타버스(Metaverse)"라는 개념은 게임이 어떻게 가상 세계의 사회적 인프라로 진화하는지를 보여줍니다. 가상현실(VR), 증강현실(AR), 그리고 블록체인 기반 자산이 결합된 메타버스는 하나의 경제·사회·문화 시스템을 형성합니다.

이에 로블록스나 제페토에서 아이들은 단순히 게임을 하는 것이 아니라, 옷을 사고 아바타를 꾸미며, 친구와 교류하고, 경제활동을 합니다. 메타버스는 더 이상 SF적 상상이 아니라, 젊은 세대의 생활공간이 되고 있습니다.

블록체인과 가상 자산

게임과 가상 세계의 진화는 블록체인 기술과 만나면서 경제적 잠재력을 획득했습니다. 이는 NFT 아이템 → 게임 속 무기, 스킨, 아바타 의상을 NFT로 발행해, 유일성과 소유권을 보장받고 있습니다.

또한 플레이 투 언(Play to Earn, P2E) → 게임 참여가 단순한 즐거움이 아니라, 현실 경제적 보상으로 연결(엑시 인피니티 사례)되고, 가상 토지와 공간 → 디센트럴랜드, 더 샌드박스에서 디지털 토지를 구매하고 건물을 세워 임대·전시·콘서트 개최가 가능하도록 만들었습니다. 이로써 가상 세계는 단순히 현실을 모방하는 무대가 아니라, 현실과 연결된 새로운 경제 영역으로 자리 잡습니다.

메타버스, 문화적 의미: 정체성과 공동체

게임과 가상 세계는 단순히 디지털 오락을 넘어서 새로운 정체성과 공동체를 만듭니다. 이에 아바타 → 사람들은 게임 속 캐릭터를 통해 또 다른 '나'를 경험합니다. 이는 자기표현의 확장일 뿐 아니라, 현실에서 불가능한 정체성을 탐험할 수 있는 장이 됩니다.

또한, 커뮤니티 → 클랜, 길드, 팬덤은 단순한 유저 집단이 아니라 사회적 공동체로 발전하고, 문화 융합 → 가상 세계는 음악·패션·스포츠·교육까지 흡수하며, 문화 패러다임 전환의 허브가 되고 있습니다.

메타버스, 도전 과제와 철학적 질문

그러나 이 새로운 세계는 동시에 여러 과제를 안고 있습니다. 이에 중독과 건강 → 현실 회피의 수단이 될 위험이 있습니다. 또한, 경제적 불평등 → 가상 세계의 자산이 또 다른 '디지털 격차'를 낳을 수 있고, 저작권과 소유권 → 가상 아이템의 법적 권리 문제가 여전히 모호합니다.

가상세계에 대한 존재론적 질문 → "가상 세계에서의 경험은 현실과 같은 의미를 가질 수 있는가?"라는 질문에 누구도 그렇다고 답할 수 없는 것도 문제일 수 있습니다. 이는 게임과 가상 세계가 단순한 오락이 아니라, 철학적 성찰을 요구하는 새로운 차원임을 말해줍니다.

그리고 게임과 가상 세계는 인류가 만든 또 다른 무대입니다. 그것은 놀이에서 시작해서 공동체를 형성하고, 새로운 경제와 문화를 만들어 내며, 현실을 확장하는 가상의 문명으로 진화하고 있습니다.

앞으로 게임은 더 이상 '현실의 대체물'이 아니라, 현실과 공존하는 평행(수평) 세계가 될 것입니다. 그리고 그 안에서, 우리는 또 다른 방식으로 사랑하고, 일하고, 창조하며, 살아갈 것입니다.

05. 커뮤니티와 팬덤의 진화

팬덤은 더 이상 수동적 소비 집단이 아닙니다. 블록체인은 토큰 기반 팬 커뮤니티와 DAO를 통해 팬들이 직접 프로젝트에 기여하고, 집단 창작을 가능케 합니다. 이 장에서는 블록체인 문화가 만들어내는 참여형 팬덤의 새로운 힘을 살펴봅니다.

팬덤, 단순한 '팬'의 집합을 넘어

과거의 팬덤은 스타와 대중문화의 부산물처럼 여겨졌습니다. 20세기 대중음악과 영화의 팬덤은 소비자 집단이자, 스타 산업을 지탱하는 보조적 역할을 했습니다. 팬들은 잡지 기사, 팬레터, 오프라인 모임을 통해 스타를 향한 열정을 표현했습니다.

그러나 인터넷과 SNS의 등장은 팬덤의 위상을 완전히 바꿔놓았습니다. 팬들은 이제 콘텐츠의 수동적 소비자가 아니라, 능동적 생산자·배급자·해석자가 되었습니다. 팬덤은 단순한 '팬들의 모임'이 아니라, 새로운 문화·생산 공동체로 진화했습니다.

디지털 시대의 커뮤니티

온라인 커뮤니티는 팬덤의 진화를 가속화시켰습니다. 이에 팬카페, 온라인 포럼·한국의 아이돌 팬덤은 인터넷 팬카페를 통해 조직적 행동력을 보여주었습니다. SNS 시대 → 팬들은 직접 콘텐츠를 제작(팬아트, 팬픽션, 밈)하며, 스타의 이미지를 확장하고 재해석합니다.

또한, 스트리밍·해시태그 캠페인 → 특정 곡을 차트에 올리거나, 사회적 메시지를 확산하는 집단적 실천으로 발전했습니다. 이러한 흐름은 팬덤을 단순한 '문화 소비 집단'에서, 사회적 영향력을 가진 네트워크로 탈바꿈시켰습니다.

블록체인 시대, 팬덤과 경제 생태계

팬덤은 이제 문화적 열정을 넘어 경제적 힘을 발휘하고 있습니다. 이는 굿즈, 콘서트 티켓, 음원·영상 스트리밍은 팬덤 경제의 핵심 축으로 발전되고 있습니다. 팬덤은 '충성 고객 집단'을 넘어, 콘텐츠 유통·판매 구조의 동력이 되고 있습니다.

BTS 팬덤 아미(ARMY)는 단순한 음악 소비자가 아니라, 글로벌 마케팅 주체로 작동하며 수십억 달러 규모의 경제적 파급 효과를 창출했습니다. 팬덤은 이제 거대한 문화-경제 공동체로 진화하고 있음을 보여주는 사례입니다.

Web3.0과 팬덤의 새로운 무대

블록체인과 Web3.0 기술은 팬덤을 또 다른 차원으로 끌어올리고 있습니다. 이는 NFT 굿즈 → 팬들은 디지털 굿즈를 소유하고 거래하며, 창작자와 직접 연결됩니다. 토큰 이코노미 → 아티스트나 브랜드는 팬에게 토큰을 발행해, 팬이 생태계의 일부가 되도록 합니다.

또한, DAO 팬덤 → 팬들이 DAO를 조직해, 앨범 제작 지원, 공연 기획 참여, 공동 자산 관리에 나서는 사례가 늘고 있습니다. 글로벌 참여 → 팬덤은 국가와 언어의 장벽을 넘어, 디지털 지갑과 블록체인 네트워크로 하나의 글로벌 공동체가 되어가고 있습니다.

이는 블록체인이 팬덤을 수직적 관계(스타↔팬)에서 수평적 공동체(함께 만드는 문화)로 바꾸고 있습니다.

Web3.0과 팬덤, 사회·문화적 의미

팬덤의 진화는 단순히 연예 산업 내부의 변화가 아닙니다. 그것은 현대 사회의 공동체 형성 방식 자체를 보여줍니다. 이에 정체성의 확장 → 사람들은 팬덤 속에서 '나의 정체성'을 발견하고 삶의 의미를 확인합니다. 사회적 연대 → 팬덤은 기부·봉사·환경 캠페인 등 공익적 활동으로 확장됩니다.

또한, 문화 민주주의 → 과거에는 소수 기업과 미디어가 문화를 생산했다면, 이제 팬덤은 문화를 함께 기획·유통·변형을 주도하고 있습니다. 결국, 팬덤은 '열광적인 소비자 집단'을 넘어 새로운 문화·사회적 주체로 성장하고 있습니다.

Web3.0과 팬덤, 도전 과제

지금 팬덤의 도전과제는 배타성 → 팬덤이 강한 소속감을 주는 동시에, 타집단과의 갈등을 유발할 수 있다는 것을 간과해서는 안됩니다. 상업적 착취 → 기업이 팬덤의 자발적 열정을 과도하게 수익화할 위험이 존재하며, 거버넌스 문제 → DAO나 토큰 팬덤의 경우 참여와 권력 분배의 공정성이 새로운 과제로 등장하고 있습니다.

결론적으로 커뮤니티와 팬덤의 진화는 곧 문화 패러다임의 전환을 의미합니다. 지난 과거 → 스타를 중심으로 모인 수직적 추종 집단에서, 현재 → 콘텐츠를 생산·확산하는 능동적 공동체로, 미래 → 블록체인과 Web3.0 기반의 문화적 자율 조직(DAO)으로 변모해 가고 있습니다.

팬덤은 이제 단순한 취미나 소비가 아니라 정체성과 사회적 실천을 담은 문화적 힘입니다. 우리는 팬덤을 통해 디지털 시대에 공동체가 어떻게 형성되고 진화하는지를 목격하고 있습니다.

06. 문화 민주주의의 가능성

블록체인 문화경제의 궁극적 의미는 '플랫폼 독점에서 창작자와 이용자 중심으로'의 전환입니다. 이 장에서는 창작자에게 권리를 되돌려주고, 참여자 모두에게 공정한 기회를 제공하는 문화 민주주의의 가능성을 제시합니다.

팬들이 세상을 바꾸다

2020년 어느 날, 방탄소년단(BTS)의 팬덤 아미(ARMY)는 단순히 음악을 응원하는 것을 넘어 사회적 행동에 나섰습니다. 미국에서 인종차별 반대 운동이 일어나자, 아미는 전 세계적으로 모금 운동을 벌여 불과 하루 만에 100만 달러 이상을 기부했습니다.

이는 특정 기업이나 정부가 주도한 일이 아니었습니다. 그저 온라인으로 연결된 팬들이 자발적으로 행동한 결과였습니다. 또 다른 예로, 유튜브에서 활동하던 한 무명 창작자가 있습니다. 그는 전통적인 음반사와 계약하지 않았지만, 전 세계 팬들의 직접 후원과 조회 수를 통해 빌보드 차트에 오르는 성과를 만들었습니다.

이 과정에서 팬들은 단순한 청취자가 아니라, 음악 산업의 실제 주체가 되었습니다. 이 두 사례는 공통된 메시지를 우리에게 전해줍니다. 문화 권력은 이제 소수에게만 있지 않으며, 대중이 직접 문화의 주인이 되는 시대가 열리고 있다는 것입니다.

문화 권력의 역사

역사적으로 문화는 소수의 권력자나 엘리트 집단이 주도했습니다. 고대에는 궁정과 성직자가 예술과 문화를 독점했습니다. 근대에는 출판사, 방송국, 영화사가 문화 생산과 유통의 권력을 쥐었습니다. 이에 대중은 주어진 콘텐츠를 소비하는 수동적 존재에 머물렀습니다.

그러나 20세기 후반 대중문화의 확산과 21세기 디지털 혁명(블록체인 네트워크)은 이 구도를 흔들었습니다. 누구나 블로그와 유튜브를 통해 자신의 이야기를 전할 수 있게 되었고, SNS는 문화 생산과 확산의 중심을 대중에게 돌려주었습니다. 곧 문화의 주체가 소수에서 다수로 이동하는 과정, 이것이 바로 문화 민주주의의 맹아萌芽[7]입니다.

디지털 시대의 문화 민주주의

디지털 플랫폼은 문화 민주주의의 토대를 마련했습니다. 이는 참여의 확대 → 누구나 글, 그림, 음악, 영상 제작자가 될 수 있으며, 쌍방향 소통 → 창작자와 소비자의 경계가 모호해져, 집단 창작 → 오픈소스 문화, 팬덤 문화, 집단 스토리텔링이 등장하고 있습니다.

예를 들어, 한 영화의 팬들은 팬픽션과 팬아트를 통해 원작을 재해석하고 확장합니다. 이 과정에서 문화는 더 이상 제작사의 전유물이 아니라, 모두의 공동체적 산물이 되어 가고 있습니다.

블록체인과 Web3.0이 여는 가능성

블록체인 기술은 문화 민주주의를 한 단계 더 진전시킵니다. 이는 NFT와 창작자 경제 → 창작자가 플랫폼에 종속되지 않고 직접 수익을 창출하고 있습니다. 또한, DAO(탈중앙화 자율조직) →

---

7) 맹아는 새로운 일의 시초를 말합니다.

커뮤니티 구성원 전체가 예술·문화 프로젝트의 기획과 운영에 참여하고, 토큰 이코노미 → 팬과 소비자가 단순한 지지자가 아니라, 문화 생태계의 주주로서 경제적 권리를 공유하게 됩니다. 문화 민주주의는 이제 단순히 '참여'가 아니라, 문화적 권리와 경제적 권력의 공유로 확장되고 있습니다.

문화민주주의의 철학적 의미

문화 민주주의는 단순히 기술적 혁신의 부산물이 아닙니다. 그것은 인간 존재의 존엄과 공동체적 가치를 재확인하는 과정입니다. 문화는 더 이상 상류층의 사치품이 아니라, 모두가 함께 만드는 삶의 양식이 됩니다.

개인의 창작이 공동체적 의미로 확장되며, "나의 이야기"가 곧 "우리의 이야기"가 됩니다. 이는 한국적 가치인 홍익인간 정신, '널리 인간을 이롭게 한다.'와도 맞닿아 있습니다. 문화 민주주의는 곧 삶과 예술, 공동체와 경제를 연결하는 새로운 사회 철학입니다.

문화 민주주의의 도전 과제

문화 민주주의가 실현되기 위해서는 해결해야 할 문제가 많습니다. 첫 번째, 플랫폼 권력 → 유튜브, 넷플릭스 같은 거대 플랫폼은 여전히 문화 생산의 흐름을 통제하는 중입니다. 두 번째, 디지털 격차 → 기술 접근성의 차이가 또 다른 문화 불평등을 낳고 있으며, 세 번째, 상업화의 위험 → 자발적 참여가 기업의 마케팅 도구로만 소비될 가능성이 큽니다.

또한, 문화 민주주의 거버넌스입니다. DAO나 팬덤 커뮤니티에서 의사결정 권한 분배의 불공정 문제를 어떻게 해결하느냐가 거버넌스에 새로운 도전 과제가 될 것입니다. 이에 문화 민주주의는 단순히 기술을 넘어, 윤리·제도·교육의 문제와 함께 다루어져야 합니다.

문화 민주주의의 가능성은 단순한 이상이 아니라, 이미 우리 일상 속에서 시작된 변화입니다.

이는 블로그와 유튜브의 창작자/팬덤과 온라인 커뮤니티/NFT와 DAO 기반의 예술 실험, 이 모든 흐름은 문화 권력이 소수에서 다수로 이동하고 있음을 보여줍니다.

앞으로의 과제는 이 가능성을 단순한 '참여 열풍'에 머물게 하지 않고, 지속 가능한 제도와 윤리적 구조 속에서 발전시키는 것입니다. 결국, 문화 민주주의는 "문화는 곧 사람들의 삶이며, 그 삶을 함께 만들어가는 과정"임을 다시금 일깨워주고 있습니다.

7장

Web3.0
-모두가 주인이 되는 인터넷 시대

01. 블록체인에서 Web3.0으로 · 229
02. 창작자 경제와 디지털 소유권 · 236

『이제 인터넷의 질서 자체가 바뀝니다.
Web1.0이 정보를 읽는 시대, Web2.0이 참여와 공유의 시대였다면, Web3.0은 개인 소유의 시대, 즉 인간 가치 중심 사회로 변화됩니다. 데이터와 정체성을 기업이 아닌 개인이 갖는 분산 인터넷, 즉 창작자와 사용자가 모두 주인이 되는 새로운 인터넷 문명이 펼쳐집니다.』-본문 요약

01. 블록체인에서 Web3.0으로

블록체인은 단순한 기술 혁신이 아니었습니다. 그것은 경제의 룰을 다시 쓰려는 시도, 즉 '신뢰를 코드로 바꾸는 실험'이었습니다. 그러나 혁신은 경제의 영역에만 머물지 않습니다. 경제가 바뀌면 인터넷의 질서도 변하고, 인터넷이 변하면 우리의 삶의 방식도 달라집니다. 바로 그 지점에서 Web3.0이 등장합니다.

Web3.0은 블록체인의 철학을 인터넷 전체에 확장한 개념입니다. 데이터와 자산, 그리고 정체성까지 "모두의 것"이 아닌 "나의 것"으로 되돌려주는 시대를 선포한 것입니다. 이제 인터넷은 더 이상 기업의 소유물이 아니라, 사용자 모두의 경제와 사회로 진화하기 시작합니다.

인터넷, 세 번의 진화

1990년대, 인터넷이 막 세상에 등장했을 때 사람들은 단순히 웹페이지를 열어보고 정보를 판단했습니다. 뉴스 기사를 읽고, 기업 홈페이지를 방문하며, 정보를 소비하고 의존하던 시절이었습니다. 우리는 이 시기 Web1.0, '읽는 인터넷'이라고 부릅니다. 기업, 포털에서 정보를 일방적으로 제공하였고, 우리는 그저 그 정보를 소비하는 관망자였을 뿐입니다.

2000년대 들어와 페이스북, 유튜브, 트위터 같은 플랫폼이 등장하면서 상황은 바뀌었습니다. 이제 누구나 글을 쓰고, 사진을 올리고, 영상을 제작하며 '참여하는 인터넷' 시대가 열린 것입니다. 이때의 인터넷을 우리는 Web2.0이라고 부릅니다.

하지만 여기에는 함정이 있었습니다. 우리가 만든 콘텐츠와 데이터는 사실상 플랫폼 기업의 것이 되었고, 수익도 그들의 몫이었습니다. 우리가 만든 데이터를 일방적으로 빼앗기던 시절이었습니다.

이제 세 번째 인터넷 시대가 다가옵니다. Web3.0, 즉 '소유하는 인터넷' 시대입니다. 블록체인을 기반으로 한 Web3.0은 우리의 데이터,

자산, 정체성을 플랫폼이 아닌 우리 스스로 소유할 수 있게 합니다. 우리가 만든 데이터를 지킬 수 있게 인터넷이 진화한 것입니다.

플랫폼 제국에서 벗어나기

오늘날 인터넷을 돌아보면, 우리는 거대한 제국의 시민처럼 살아왔음을 깨닫게 됩니다. 구글은 우리의 검색을, 페이스북은 우리의 관계를, 아마존은 우리의 소비를 장악했습니다. 우리는 '무료 서비스'를 쓰는 것 같았지만, 사실은 우리의 데이터와 관심, 시간을 비용으로 지불한 셈입니다.

Web3.0은 이 제국에 균열을 내는 도전입니다. 더 이상 내 콘텐츠와 데이터가 기업 서버에 갇혀 있지 않고, 블록체인 위에서 나에게 전달되어집니다. 이 말은 내가 만든 글, 그림, 음악, 혹은 온라인 정체성은 내 지갑 주소와 함께 영원히 나 자산이 된다는 의미이기도 합니다.

즉, Web3.0은 우리를 "인터넷 제국의 종속자"에서 "디지털 영토의 주인"으로 탈바꿈시켜 줄 것입니다.

Web3.0의 세 가지 기둥

첫 번째, 탈중앙화Decentralization입니다. 은행, 플랫폼, 정부 같은 '중앙 권력자' 대신, 전 세계 수많은 개인이 거래와 기록을 검증합니다. 이것은 권력이 한 곳에 집중되는 대신, 네트워크 전체로 분산된다는 뜻입니다.

두 번째, 소유권Ownership의 주체입니다. 지갑 주소 하나로 모든 디지털 자산을 개인이 직접 관리할 수 있습니다. 예술 작품, 게임 아이템, 인증서, 심지어 나의 의료 데이터까지 내가 통제할 수 있습니다.

세 번째, 참여와 보상(Partici-pation & Incentive)입니다.

Web3.0에서는 단순한 사용자consumer가 아니라 기여자contributor가 됩니다. 커뮤니티에 참여하고, 네트워크 유지에 기여하면 보상을 받습니다.

이는 곧 "참여자 모두가 주인인 경제"라는 점에서, 한국적 철학인 홍익인간 정신(널리 인간을 이롭게 한다)과 맞닿아 있습니다.

Web3.0 경제의 실제 장면들

DeFi(탈중앙화 금융)는 은행이 없어도 누구나 예금·대출·투자가 가능합니다. 수수료는 낮아지고, 접근성은 넓어집니다. NFT(대체 불가능 토큰), 디지털 그림, 음악, 영상이 '진품 인증서'를 얻어 소유권이 보장됩니다. 예술가가 직접 팬들과 연결되고 수익을 공정하게 얻을 수 있습니다.

DAO(탈중앙화 자율조직)는 사장이 없는 회사, 모두가 투표로 의사결정을 내리는 공동체, 전 세계인이 국경을 넘어 하나의 '디지털 협동조합'을 운영하는 게 가능해집니다. 또한, 토큰 이코노미 커뮤니티 활동, 창작, 기여가 곧 보상이 됩니다. 이는 작은 경제 생태계가 무수히 탄생하는 길을 열린다는 의미입니다.

Web3.0이 여는 새로운 사회

Web3.0은 단순한 인터넷 기술이 아니라 사회 구조를 바꾸는 힘을 가지고 있습니다. 데이터 주권의 회복, 내 데이터는 내 것이고, 더 이상 기업 서버에 갇히지 않게 됩니다.

디지털 민주주의, 투명한 블록체인 기반 투표, 참여 민주주의의 확대, 부정선거의 이미지에서 벗어날 수 있습니다.

또한, 창작자 중심의 경제가 이루어져 중간 플랫폼 없이 창작자가 직접 수익을 얻을 수 있습니다. 또한, 커뮤니티 기반 사회, 국경을 넘어 같은 가치와 관심사를 공유하는 디지털 부족tribe이 형성됩니다.

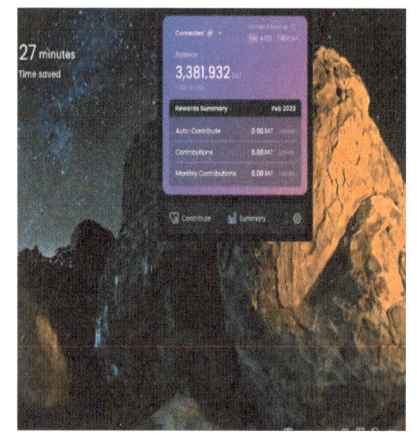

Web3.0의 도전과 그림자

물론, Web3.0에는 넘어야 할 산도 많습니다. 기술적 문제, 속도와 보안, 사용자 경험의 불편함을 해소해야 합니다. 규제 불확실성, 각국 정부가 서로 다른 규제 방향을 모색하는 상황을 만들어야 합니다.

또한, '투자'가 아닌 '투기판'으로 오해되는 현실을 극복해야 합니다. 그 후 Web3.0 지속가능성을 위한 에너지 소비와 환경을 중요하게 여기는 정책지원이 있어야 합니다. 그러나 인터넷의 역사도 늘 문제와 해결의 연속이었습니다. Web3.0 또한 마찬가지입니다.

Web3.0과 홍익인간 정신

Web3.0은 단순한 인터넷 혁신이 아니라 경제와 사회, 나아가 문명의 패러다임 전환입니다. Web1.0이 "정보의 공유", Web2.0이 "참여의 공유"였다면, Web3.0은 "이익의 공유"입니다.

데이터와 권력을 소수가 독점하는 구조에서 벗어나 참여자 모두가 이익을 나누는 구조로 나아가는 것입니다.

이것은 바로 한국 고유의 철학, 홍익인간 정신(널리 인간을 이롭게 한다)의 현대적 구현입니다.

Web3.0 시대의 블록체인 경제는 기술이 단순히 부를 창출하는 도구가 아니라 인류 공동번영의 기반이 될 수 있음을 보여줍니다. 그리고 그 길 위에서 우리에게 필요한 것은 기술을 넘어선 철학적 나침반일 것입니다.

02. 창작자 경제와 디지털 소유권

창작자 경제(Creator Economy)의 부상

유튜브, 인스타그램, 틱톡, 그리고 각종 스트리밍 플랫폼은 누구나 콘텐츠를 제작하고 수익을 얻을 수 있는 창작자 경제를 열었습니다. 그러나 기존 플랫폼 중심의 창작자 경제에는 한계가 있습니다.

이 문제점은 플랫폼 수수료 과다 → 광고 수익의 대부분을 플랫폼이 가져가고, 저작권 불투명성 → 콘텐츠가 무단 복제·도용되는 경우가 많습니다. 또한, 소유권 불분명 → 디지털 창작물은 쉽게 복제되기 때문에 '원본' 개념이 약해질 수 있습니다. 따라서 창작자는 실제로 자신의 작품에 대한 권리와 정당한 보상을 온전히 누리기 어려웠습니다.

블록체인과 디지털 소유권의 혁신

블록체인은 디지털 자산에 '희소성과 원본성'을 부여하여 창작자의 권리 구조를 근본적으로 인정해 줍니다. 특히, NFT(대체 불가능 토큰) → 디지털 이미지, 음악, 글, 영상에 '유일한 소유권 증명서'를 부여하고, 스마트 계약 → 작품이 거래될 때마다 창작자에게 자동으로 로열티를 지급하며, 투명한 거래 기록 → 소유권 변동 이력이 블록체인에 기록되어 위조가 불가능해집니다.

즉, 블록체인은 디지털 세계에서도 "이 작품의 진짜 주인은 누구인가"를 명확히할 수 있는 시스템입니다.

창작자 경제의 새로운 모델

블록체인 기반 창작자 경제는 전통적 구조와 달리 "창작자 중심"으로 재편됩니다. 직접 수익화가 가능해지고 → 창작자가 NFT나 토큰을 발행해 팬에게 직접 판매합니다.

또한, 커뮤니티 기반 경제로 → 팬들이 토큰을 구매함으로써 창작 활동을 함께 지지하고, 토큰의 가치 상승에 따라 공동 이익을 얻는 방식입니다. 이에 탈플랫폼화가 → 중앙화된 플랫폼 의존도가 줄어들고, 창작자와 소비자가 직접 연결합니다.

예를 들면, 음악가가 곡을 NFT로 발행하면, 팬은 구매를 통해 디지털 소장품을 가지게 되고, 곡이

재판매될 때마다 창작자에게 로열티가 돌아갑니다. 작가가 전자책을 토큰화하여 판매하면, 독자는 단순한 소비자가 아니라 작가의 경제 생태계에 참여하는 투자자가 될 수 있습니다.

디지털 소유권의 사회적 의미

블록체인이 만들어낸 디지털 소유권은 단순한 기술적 발명에 그치지 않습니다. 창작자의 권리 그건 창작자 권리가 강화되고 복제 가능성을 넘어, 원본성과 소유권이 보장됩니다. 참여자 모두의 이익이 → 팬과 독자가 단순한 소비자를 넘어 창작의 동반자가 됩니다.

새로운 문화와 예술 생태계는 → 디지털 창작물이 실물 예술처럼 '소유'되고, 전시·거래될 수 있습니다. 이는 창작의 가치를 인정하고, 창작자와 소비자 간 더 공정한 경제 생태계를 가능하게 합니다.

도전과 과제

블록체인 식 코인의 투기적 열풍 → NFT 시장은 초기 과열로 인해 '투기냐 혁명이냐'라는 논쟁이 발생할 수 있습니다. 또한 법적 제도 미비로 → NFT 저작권 분쟁, 과세 문제 등이 명확히 정리되지 않았습니다. 기술의 지속가능성은 → NFT 발행 과정의 에너지 소비, 환경 부담 문제가 지적되고 있습니다.

하지만 이러한 문제는 점차 해결되어 가고 있으며, 블록체인 기반 창작자 경제는 기존 플랫폼 자본주의를 넘어서는 새로운 모델로 자리매김할 가능성이 커지고 있습니다.

블록체인 경제에서 창작자 경제와 디지털 소유권은 예술과 창작의 가치를 공정하게 보상하고, 창작자가 진정한 주권을 회복하는 길을 열어 줄 수 있습니다.

창작자는 자신의 작품을 스스로 발행하고 팬은 작품의 일부를 소유하며, 모든 거래와 권리는 블록체인에 투명하게 기록됩니다. 즉 블록체인은 창작자에게는 권력을, 소비자에게는 참여권을, 모두에게는 신뢰를 가져다주는 혁명적 기술이라 할 수 있습니다.

8장

메타버스
−또 하나의 현실,
또 하나의 경제

01. Web3.0에서 메타버스로 · 243
02. 메타버스와 노동의 미래 · 249
03. 블록체인 경제에서의 5가지 새로운 노동 유형 · 253
04. 디지털 정체성의 재구성 · 257

『그리고 우리는 새로운 무대에 들어섭니다.
Web3.0의 원칙이 구현되는 공간, 메타버스입니다.
게임에서 시작해 사회로 확장된 이 디지털 세계에서 우리는 일하고, 배우고, 창작하며 살아갑니다.
아바타가 나를 대신해 활동하는 세계, 그곳은 단순한 가상이 아니라, 또 하나의 현실입니다.』 -본문 요약

01. Web3.0에서 메타버스로

Web3.0에서 새로워진 인터넷은 어디서 구현될까요?

Web3.0이 룰rule이라면, 메타버스는 그 룰이 펼쳐지는 무대stage입니다. Web3.0은 소유와 분산을 가능하게 하는 시스템이라면, 메타버스는 그것이 우리의 생활 세계로 확장되는 일상이 될 것입니다.

가상세계에서 우리가 일하고, 배우고, 창작하고, 사랑하는 모습 속에서, 지금 Web3.0의 원칙은 구체적인 현실로 다가오고 있습니다.

새로운 세계가 열린다

"게임 속 아바타가 나를 대신해 일하고, 쇼핑하고, 친구를 만나고, 심지어 회의까지 한다면?"

과거에는 공상과학 영화의 한 장

면 같았지만, 이제는 메타버스Metaverse라는 이름으로 우리 곁에 다가온 현실입니다.

메타버스란 단순한 가상현실이 아닙니다. 그것은 현실과 디지털이 겹쳐지는 새로운 생활공간이며, 우리가 인터넷을 '보는' 수준을 넘어 직접 살아가는 무대가 될 것입니다.

메타버스의 뿌리 – 게임에서 사회로

메타버스의 뿌리는 게임에 있습니다. 2000년대 초, "세컨드 라이프(Second Life)"라는 가상 세계에서 사람들은 아바타로 만나 땅을 사고팔고, 집을 짓고, 심지어 결혼식까지 올렸습니다.

"마인크래프트"는 아이들이 블록을 쌓아 가상의 세상을 만들며 창의적 상상을 실현했습니다.

"포트나이트"는 총싸움 게임을 넘어, 아리아나 그란데와 트래비스 스콧 같은 팝스타가 공연을 여는 디지털 콘서트장이 되었습니다.

과거 게임은 메타버스의 전초기지였지만, 이제 메타버스는 교육, 비즈니스, 사회 활동으로 확장되고 있습니다.

메타버스의 네 가지 유형

메타버스를 이해하려면 그 다양한 얼굴을 살펴야 합니다. 증강현실(AR)은 현실 위에 디지털 정보를 겹쳐 보여주는 세계(예: 포켓몬 고)이고, 가상현실(VR)은 완전히 몰입형 디지털 공간(예: 오큘러스, VRChat)입니다.

라이프로깅(Lifelogging)은 우리의 일상과 데이터를 기록해 가상화하는 것(예: 애플워치, 핏빗)으로, 거울세계(Mirror World) → 현실을 디지털로 복제해 재현한 세계(예: 구글 어스, 디지털 트윈), 즉 이 네 가지가 얽히고설켜 메타버스라는 거대한 생태계를 형성합니다.

메타버스 경제 – 새로운 자본의 무대

메타버스는 단순한 가상세계가 아니라, 새로운 경제 공간입니다. 사람들은 가상 땅(랜드)을 사고팔고, 건물을 짓고, 가게를 운영합니다. 또, 디지털 옷과 장신구를 사고, 아바타에게 입히며 패션산업으로 확장합니다.

가상 사무실에서 일하고, 회의를 하며, 노동과 생산 활동이 이어집니다. 여기서 블록체인과 Web3.0이 중요한 역할을 합니

다. NFT는 디지털 자산의 소유권을 증명하고, 토큰 경제는 메타버스 속 보상 구조를 만들어 갑니다. 즉 메타버스는 블록체인 경제의 실험장이자, 현실 경제의 확장판으로 발전되어 가고 있습니다.

메타버스와 사회적 변화

메타버스는 우리의 일상과 사회 구조에도 큰 변화를 가져옵니다.

교육 → 아이들은 VR 교실에서 역사 속 현장을 직접 체험하며 배웁니다.

업무 → 재택근무가 아니라 아바타로 가상 오피스에 출근합니다.

문화 → 가수는 전 세계 팬들과 메타버스 공연장에서 만납니다.

한편, 인간 정체성 → 현실의 내가 아닌 디지털 아바타가 나를 대변하게 됩니다. 즉 메타버스는 '또 하나의 인터넷'이 아니라 '또 하나의 사회'가 되는 것입니다.

메타버스, 빛과 그림자

메타버스에도 넘어야 할 산이 있습니다. 현실 도피, 현실보다 가상에 몰입해 사회적 고립을 겪는 사람들의 문제입니다. 디지털 불평등, 최신 기기를 살 수 있는 사람과 그렇지 못한 사람 간의 격차 해소입니다.

그리고 데이터 독점에 대한 문제입니다. 메타버스를 운영하는 거대 기업들이 모든 활동 데이터를 장악할 위험이 존재합니다. 또한, 가짜와 진짜의 경계, 아바타와 현실 정체성이 혼란스러워지는 문제입니다. 메타버스는 기회의 땅이지만, 동시에 윤리적·사회적 문제를 안고 있습니다.

메타버스와 홍익인간 정신

메타버스는 인류가 만들어내는 두 번째 현실입니다. 여기서 우리는 무엇을 할까요? 단순히 소비만을 반복할까요, 아니면 더 나은 공동체를 만들어갈까요? 이 지점에서 홍익인간 정신이 다시 떠오릅니다. "널리 인간을 이롭게 하라."

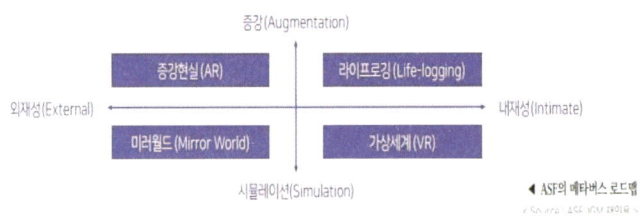

◀ ASF의 메타버스 로드맵

현실에서나 가상에서나 경제가 소수를 위한 것이 아니라 모두를 위한 것이 될 때, 메타버스는 진정한 의미를 갖게 될 것입니다.

메타버스는 결국, 기술이 아니라 철학의 문제입니다. 우리가 어떤 가치를 선택하느냐에 따라 그것은 단순한 가상 놀이터가 될 수도 있고, 새로운 인류 문명의 터전이 될 수도 있습니다.

02. 메타버스와 노동의 미래

탈중앙화 경제의 도래

블록체인 경제는 기존 자본주의와 다른 원리를 기반으로 합니다. 중앙의 기업·기관이 아닌 분산 네트워크와 커뮤니티가 가치 창출을 주도하게 됩니다.

코드와 스마트 계약이 신뢰를 대체하며, 참여자 모두가 동시에 생산자이자 소비자가 됩니다. 이 변화는 곧 노동의 성격에도 큰 충격을 주게 될 것입니다.

노동의 '소속'에서 '참여'로

전통적 노동은 기업 소속이라는 틀 안에서 이루어졌습니다. 그러나 블록체인 경제에서는 노동이 네트워크 참여의 형태로 변화하게 됩니다. 특히, DAO(탈중앙화 자율조직) → 구성원이 토큰을 보유하고 의사결정과 노동에 기여하며 보상을 받습니다. 노동은 크라우드 워크식으로 → 특정 회사의 고용이 아니라, 프로젝트 단위로 네트워크에 기여하게 됩니다.

또한, 노동의 작업 분할화 → 작은 단위의 기여(번역, 코딩, 디자인, 데이터 제공)가 곧 노동이 되고, 즉시 보상으로 주어지며, 즉 노동은 점차 소속 기반에서 탈피하여 유연한 참여 기반으로 바뀌어 갑니다.

보상의 새로운 형태

블록체인 경제에서 노동의 대가는 단순한 임금이 아니라, 다양한 형태의 디지털 자산으로 주어집니다.

토큰 보상 → DAO나 프로젝트에 기여한 만큼 토큰을 지급받습니다. 한편, 토큰은 가치 상승 가능성이 있어 일종의 지분 소유권 역할도 합니다.

특히, NFT 보상은 → 창작자나 기여자가 NFT 형태의 보상을 받아 이를 거래하거나 장기적으로 소유할 수 있습니다. 또한, 스테이블코인 지급으로 → 국경을 넘어 빠르고 안전한 결제가 가능해 글로벌 노동시장과 연결됩니다. 노동의 가

치는 점차 화폐적 임금에서 → 디지털 자산 기반의 분배로 확장됩니다.

노동의 권력 재편

블록체인 경제는 노동과 권력의 관계에도 변화를 일으킵니다. 노동이 플랫폼 종속에서 해방 → 노동자가 배달 앱이나 프리랜서 플랫폼의 '수수료 구조'에 얽매이지 않고, 블록체인 네트워크에서 직접 소비자와 연결될 수 있습니다.

또한, 거버넌스 참여 노동자는 단순한 고용인이 아니라, 네트워크 의사결정에 투표권을 가진 주체가 됩니다. 데이터 노동의 가치화 → 개인이 생산하는 데이터(건강정보, 위치정보, 창작물)가 블록체인을 통해 거래되고 보상받습니다. 즉 노동자는 '종속적 역할자'에서 '경제 생태계의 주권자'로 변화할 가능성이 커집니다.

도전과 과제

물론 모든 변화가 긍정적이지만은 않습니다. 이로 인하여 불안정성 → 프로젝트 기반 노동은 안정적 소득을 보장하지 못할 수 있습니다. 양극화 → 기술 활용 능력이 있는 노동자와 그렇지 못한 노동자의 격차가 심화될 수 있습니다.

한편, 기술의 규제 공백 → 블록체인 노동은 국경을 초월하기 때문에, 기존 노동법·사회보장제도의 적용이 어렵게 됩니다. 따라서 새로운 사회적 안전망과 노동 제도의 혁신이 함께 필요해집니다.

블록체인 경제 속 노동은 더 이상 한 회사에 소속되어 월급을 받는 전통적 모습이 아닙니다. 노동은 네트워크 기반 참여로 재편되고, 보상은 토큰·NFT·디지털 자산으로 다양화되며, 노동자는 단순 고용인을 넘어 경제 생태계의 주체가 됩니다.

노동의 미래는 곧 "자유로운 참여와 분산된 권력 속에서 의미와 보상을 찾는 과정"이 될 것입니다.

03. 블록체인 경제에서의 5가지 새로운 노동 유형

DAO 노동자 (탈중앙화 자율조직 참여자)

DAO(Decentralized Autonomous Organization)는 "회사 없는 회사"라고 부릅니다.

DAO 특징 → 중앙 경영진 없이 참여자들이 스마트 계약 기반 투표와 합의를 통해 운영하고,

또한, 노동 형태 → 특정 DAO에 기여(기획, 홍보, 개발, 디자인 등)하면, 토큰이나 디지털 자산으로 보상합니다.

DAO 사례는 다양합니다. 투자 DAO, 게임 DAO, 예술 DAO 등, 노동자는 고용인이 아니라 커뮤니티 운영자이자 공동 주주가 됩니다.

데이터 노동자 (Data Worker)

21세기의 가장 중요한 자원은 데이터가 될 것입니다. 데이터 노동자의 특징 → 개인이 생성하는 데이터(건강정보, 위치정보, 소비 기록 등)가 블록체인 기반 마켓에서 거래가 가능해집니다.

또한, 노동의 형태는 데이터를 공유·판매하거나 AI 훈련용 데이터셋 제작에 기여 → 보상 획득하게 됩니다.

데이터 노동의 사례 → 의료 데이터 블록체인 프로젝트(환자가 자신의 기록 제공 시 토큰 보상)가 있습니다. 데이터는 단순히 기업이 수집하는 자원이 아니라, 개인이 주체적으로 소유·활용하는 노동 결과물이 됩니다.

창작자 (Creator, NFT 아티스트)

블록체인은 디지털 창작물의 소유권을 보장합니다. 특징으로는 NFT로 디지털 작품(그림, 음악, 글, 영상)을 토큰화하고, 노동 형태는 → 창작자가 직접 작품을 발행·판매, 2차 거래에서도 스마트 계약으로 로열티가 자동 지급됩니다.

사례로는 → Beeple의 디지털 아트 경매, 한국 NFT 아트 플랫폼 등이 있습니다.

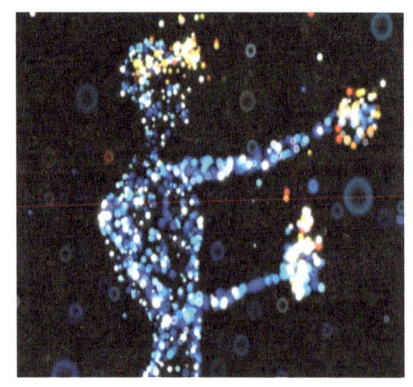

창작자는 더 이상 플랫폼에 종속되지 않고, 스스로 경제를 설계하는 자율적 노동자가 됩니다.

토큰 인센티브 기여자 (Tokenized Contributor)

블록체인 네트워크는 참여자 모두가 작은 단위의 기여로 생태계를 유지합니다. 기여자 특징은 → 네트워크 운영에 필요한 다양한 활동(검증, 번역, 커뮤니티 활동, 개발 지원)에 참여하고, 노동 형태도 → 기여한 만큼 토큰으로 보상 획득합니다. 인센티브 기여자 사례 → 블록체인 커뮤니티 번역·홍보 참여, 탈중앙화 플랫폼의 '버그 바운티' 보상이 있습니다. 이는 "작은 기여도 곧 노동"이 되는 새로운 노동 형태입니다.

메타버스 노동자 (Metaverse Worker)

블록체인과 메타버스의 결합은 새로운 직업군을 창출합니다. 노동자 특징으로 → 메타버스 공간에서 토지 개발, 아이템 제작, 캐릭터 운영 등 활동이 NFT와 토큰 경제와 연결됩니다. 노동 형태는 → 가상 부동산 거래, 디지털 아이템 제작·판매, 가상 서비스 제공합니다.

메타버스 노동자의 사례 → Decentraland, Sandbox 등 메타버스 플랫폼에서 활동하는 창작자와 운영자입니다. 노동은 물리적 세계에만 한정되지 않고, 가상공간에서도 경제적 가치를 창출하는 활동으로 확장됩니다.

블록체인 경제는 노동을 "고용"의 틀에서 해방시키고, DAO 노동자 → 조직의 공동 운영자, 데이터 노동자 → 개인정보의 주권자, 창작자 → 디지털 소유권의 주체, 토큰 기여자 → 작은 참여도 보상받는 시민이 됩니다. 메타버스 노동자 → 가상세계에서 경제 활동을 하는 개척자로 확장시킵니다. 노동의 미래는 단순히 직장을 얻는 것이 아니라, 분산 네트워크에 참여하고 자신의 가치를 토큰화하여 보상받는 과정으로 변해가고 있습니다.

04. 디지털 정체성의 재구성

문제 제기

디지털 전환의 심화는 개인의 신원을 기존의 물리적 차원을 넘어, 온라인상에서의 행위와 데이터로 확장시켰습니다. 그러나 이러한 디지털 정체성은 주로 중앙화된 기관이나 플랫폼의 관리 하에 놓여 있었고, 개인은 그 주체성을 충분히 확보하지 못했습니다. 오늘날 블록체인 경제의 도래는 디지털 정체성의 개념을 근본적으로 재구성할 것을 요구하고 있습니다.

전통적 디지털 정체성과 그 한계

전통적 인터넷 환경에서 정체성은 다음과 같은 특징을 갖고 있습니다.

① 플랫폼 종속성 → 특정 기업이나 기관이 부여하는 ID와 계정이 신원의 증명 수단이었습니다.

② 프라이버시 취약성 → 개인정보는 중앙 서버에 집중되어 유출·도용의 위험에 노출되었습니다.

③ 일종의 파편화 → 동일한 개인임에도 서비스마다 서로 다

른 신원체계가 존재하여, 통합적 관리가 어려웠습니다. 이러한 구조는 신원 관리의 주체가 개인이 아닌 기관에 있었음을 보여줍니다.

블록체인 경제와 자기주권형 신원

블록체인은 디지털 정체성을 자기주권(Self-Sovereign)의 틀로 재편하고 있습니다.

① 분산성 → 신원 데이터는 단일 서버가 아니라 분산원장에 기록되어, 특정 기관이 독점적으로 통제할 수 없습니다.

② 선택적 공개 → 개인은 자신의 전체 정보를 노출하지 않고 필요한 속성만을 증명할 수 있습니다.

③ 불변성 → 블록체인에 기록된 신원 정보는 위·변조가 불가능하므로 신뢰성이 높습니다. 따라서 정체성은 더 이상 국가나 기업이 '부여'하는 것이 아니라, 개인이 '소유'하고 '관리'하는 것으로 전환됩니다.

경제적·사회적 함의

재구성된 디지털 정체성은 블록체인 경제 속에서 다음과 같은 역할을 수행합니다.

① 거래의 기반 → 신원 확인이 곧 거래 신뢰성을 확보하는 기제가 됩니다.

② 맞춤형 서비스 → 개인이 데이터를 선택적으로 제공함으로써, 서비스 제공자는 정교한 맞춤 서비스를 가능하게 합니다.

③ 거버넌스 참여 → DAO나 블록체인 기반 커뮤니티에서 디지털 신원은 투표권·참여권과 직결되며, 새로운 시민권의 기반으로 작용합니다. 이는 신원이 단순히 행정적 확인 수단이 아니라, 경제적 자산이자 정치적 권리의 토대가 됨을 의미합니다.

도전과 과제

블록체인의 정체성 체계는 여전히 다음과 같은 문제에 직면해 있습니다.

법적 효력의 불명확성/개인키 관리의 취약성/디지털 소외 계층의 배제 가능성 등, 따라서 기술 발전과 함께 제도적·윤리적 보완이 필수적입니다.

결론

블록체인 경제에서 디지털 정체성의 재구성은 의존적·타율적 구조에서 자율적·분산적 구조로의 이행이라 할 수 있습니다. 이는 단순한 기술적 진보가 아니라, 개인의 권리와 사회적 관계를 다시 정의하는 문명사적 전환입니다.

블록체인 정체성은 개인에게 데이터 주권을 환원하며, 동시에 새로운 경제와 거버넌스 질서를 형성하는 핵심 인프라로 자리 잡을 것입니다.

9장
미래로 가는 길

01. 블록체인과 인공지능, 그리고 양자컴퓨터 · 264
02. 각국의 규제 전쟁과 제도 실험 · 268
03. 투기냐 혁명이냐 – 블록체인을 둘러싼 오해와 진실 · 272
04. 자본주의 이후, 블록체인이 열어갈 새로운 길 · 278
05. 블록체인과 양자의학 – 전혀 다른 두 흐름 · 282
06. 블록체인 시대의 윤리와 인간학 · 286

『미래는 블록체인만으로 끝나지 않습니다. 인공지능, 양자컴퓨터, 새로운 규제와 윤리 문제들이 얽히며, 자본주의 이후의 길을 모색할 것입니다. 하지만, 블록체인은 여기서도 중요한 자리를 차지하며, 기술과 인간, 경제와 윤리가 새로운 영역에서 발전을 거듭할 것입니다.』 -본문 요약 블록체인은 단순히 가상화폐를 만드는 기술이 아닙니다. 그것은 신뢰와 권력, 그리고 경제의 구조를 다시 설계하는 도구입니다. 과거에는 은행과 정부, 거대 기업이 경제를 운영하는 중심에 서 있었습니다. 그러나 블록체인은 그 중심을 분산시켜, 참여자 모두가 함께 경제의 주인이 되는 길을 열고 있습니다.

이 책에서 다루는 '블록체인 경제'는 기술의 혁신을 넘어 금융·유통·문화·교육·정치까지 사회 전반에 걸친 패러다임 전환을 의미합니다. 미래로 가는 길 위에서 블록체인 경제는 우리에게 새로운 질문을 던지고 있습니다.

과연 "경제는 소수의 이익을 위한 것인가, 아니면 모두의 번영을 위한 것인가?" 그 질문에 대한 답을 찾아가는 과정이 바로, 블록체인이 열어가는 미래의 여정이 될 것입니다.

01. 블록체인과 인공지능, 그리고 양자컴퓨터

블록체인 – 신뢰의 인프라

블록체인은 '신뢰의 기술'입니다. 특히, 중앙 권력이나 기관을 거치지 않고 참여자 모두가 함께 기록을 검증하는 구조입니다. 경제, 유통, 문화, 정치까지 투명성과 분산을 기반으로 한 새로운 시스템을 가능케 합니다. 즉 블록체인은 미래 사회의 제도적 기반, 디지털 시대의 헌법과 같은 역할을 할 수 있습니다.

인공지능 – 지능의 확장

AI는 '지능의 기술'입니다. 방대한 데이터를 학습해 인간의 의사결정을 보완하거나 대체합니다.

특히, 의료, 교육, 금융, 산업에서 인간의 사고를 가속화하고 새로운 패턴을 발견하게 해줍니다.

AI는 결국 블록체인 위에 기록된 방대한 데이터를 분석·활용하여, 분

산된 정보 속에서 가치와 질서를 찾아낼 수 있을 겁니다.

양자컴퓨터 – 계산의 혁명

양자컴퓨터는 '계산의 기술'입니다. 기존 슈퍼컴퓨터로는 수천 년이 걸릴 문제를 순식간에 풀 수 있는 잠재력의 시도입니다. 특히, 물리학, 신약 개발, 기후 모델링 등에서 혁명적 돌파구를 제공할 수 있을 겁니다. 그러나 동시에 양자컴퓨터는 기존 블록체인의 암호 구조를 위협할 수도 있습니다. 현재 연구자들은 양자 내성 암호(Quantum-Resistant Cryptography)를 개발해 블록체인 보안을 강화하려 하고 있습니다.

세 기술의 만남 – 상호 보완적 혁명

블록체인 + AI: 블록체인은 AI의 데이터 출처와 신뢰성을 보장합니다. AI는 블록체인의 방대한 데이터를 분석해 실질적 가치와 통찰을 제공합니다.

AI + 양자컴퓨터: 양자컴퓨터는 AI의 학습 속도와 연산 능력을 획기적으로 끌어올릴 것입니다. 또한, AI는 양자 알고리즘 설계를 도와 양자 연산을 최적화해 줍니다.

블록체인 + 양자컴퓨터: 블록체인은 양자 시대에 맞는 새로운 보안 체계를 마련해야 한다. 동시에 양자컴퓨터는 블록체인의 거래 처리 속도와 규모를 획기적으로 개선할 수 있게 됩니다.

블록체인 + AI + 양자컴퓨터: 세 기술이 융합하면 투명한 기록(블록체인) 위에 지능적 해석(AI)이 더해지고, 그것을 초고속 계산(양자컴퓨터)이 뒷받침하는 구조가 만들어집니다. 이는 곧 신뢰·지능·계산이 삼위일체로 작동하는 새로운 문명 패러다임을 의미합니다.

미래로 가는 길

우리가 맞이할 미래는 단순히 더 빠른 컴퓨터, 더 똑똑한 인공지능, 더 안전한 블록체인이 아닙니다.

그것은 사회 시스템 자체가 다시 만들어지는 미래가 되어야 합니다.

경제는 더 공정해지고, 사회는 더 투명해지며, 과학은 더 큰 문제를 풀 수 있도록 블록체인의 융·복

합은 발전되어야 합니다. 결국 지금 블록체인, 인공지능, 그리고 양자컴퓨터의 융합은 "기술을 통한 인류 문명의 재구성"이라는 거대한 길 위에 서 있습니다.

02. 각국의 규제 전쟁과 제도 실험

규제 강화 – 통제의 길

몇몇 국가는 블록체인을 위험 요소로 간주하며 강력한 규제를 시행하고 있습니다. 이에 중국은 암호화폐 거래소를 전면 금지하고 채굴도 막았습니다. 그러나 블록체인 기술 자체는 국가 차원에서 '통제 가능한 형태(디지털 위안화)'로 육성 중입니다.

인도 → 한때 암호화폐를 불법화하려 했으나 현재는 과세와 규제 프레임워크를 통해 제한적으로 관리하는 방향으로 선회했습니다.

미국 SEC(증권거래위원회) → 다수의 코인과 토큰을 '증권'으로 분류하려 하고 있으며, 불법 증권 판매 혐의로 글로벌 거래소와 프로젝트별 잇따른 소송을 진행 중입니다. 이 흐름은 블록체인을 투기적·위험 자산으로 보고 국가가 강력한 규제자 역할을 하려는 시도입니다.

제도 실험 – 규제 샌드박스

이 외 다른 나라들은 블록체인을 단순히 억제하기보다는 실험적으로 관리하려 합니다. 영국·싱가포르는 금융 규제 샌드박스를 운영해 스타트업이 일정 조건하에 새로운 블록체인 서비스를 시험할 수 있게 허용하고 있습니다.

일본 → 암호화폐를 '자산'으로 공식 인정, 거래소를 금융청(FSA) 등록제로 관리하면서도 제도권 안에서 산업을 육성하고 있습니다.

한국 → 가상자산 사업자 등록제와 특금법[8]을 시행해 AML(자금세탁방지) 기준을 강화하는 한편, 블록체인 기반 DID(분산 신원인증), CBDC(중앙은행 디지털화폐) 등 실험 프로젝트를 추진하고 있습니다.

이런 흐름은 블록체인을 위험 관리 + 신산업 육성의 양면 전략으로 보는 접근 중에 있습니다.

국가 주도의 디지털화폐 - 중앙집중의 재탄생

많은 국가는 암호화폐를 대신할 CBDC(중앙은행 디지털화폐) 발행을 실험 중입니다. 특히, 중국은 이미 디지털 위안화를 대규모 시범 운영 중이고, EU는 디지털 유로 발행을 계획 검토 중입니다. 미국은 디지털 달러 연구단 운영하고 있으며, 나이지리아는

---

8) 특정금융거래정보의 보고 및 이용 등에 관한 법률

아프리카 최초의 CBDC 'e-나이라'를 발행했습니다. CBDC는 블록체인의 장점을 활용하지만, 국가가 통제하는 중앙집중적 모델이라는 점에서 암호화폐의 '탈중앙화 철학'과는 좀 차이가 있습니다.

규제 전쟁과 글로벌 경쟁

각국의 규제는 단순한 법률 문제가 아니라, 글로벌 주도권 경쟁이기도 합니다.

따라서 미국은 규제를 통해 블록체인 산업을 자국 중심으로 통제하려 하고, 중국은 국가주도 디지털화폐로 국제 금융질서를 흔들려 하며, 유럽은 균형 잡힌 규제와 산업 육성을 통해 안정성을 확보하려 합니다.

결국, 블록체인은 단순한 기술이 아니라 경제 패권과 국가 전략의 중심 무대로 떠오른 것입니다.

블록체인을 둘러싼 규제 전쟁은 단순히 산업 통제를 넘어, 21세기 금융 질서 재편을 가늠하는 시험대라 할 수 있습니다. 어떤 나라는 블록체인을 억제하고, 어떤 나라는 제도권 안으로 끌어들이며, 또 어떤 나라는 새로운 화폐 실험으로 확장합니다.

결국, 블록체인의 미래는 기술이 아니라 규제와 제도의 선택 위에서 결정될 것입니다. 그리고 그 선택은 국가별 이해관계를 넘어, 인류 공동의 금융·경제 질서를 어떻게 새롭게 짤 것인가라는 더 큰 질문으로 이어질 것입니다.

03. 투기냐 혁명이냐
−블록체인을 둘러싼 오해와 진실

오해의 시작 − 코인 광풍

블록체인이 세상에 널리 알려진 계기는 '비트코인 가격 폭등'이었습니다. 몇 년 사이 수십 배, 수백 배 오르내리는 가격은 대중의 눈을 사로잡았습니다. 많은 사람들은 블록체인을 곧장 '투기의 장', '한탕주의의 상징'으로 인식했으며, 실제로 암호화폐 거래소의 과열, 사기성 코인 프로젝트, 불법 다단계가 사회 문제로 떠오르기도 했습니다. 이 때문에 블록체인은 오랫동안 "혁신"보다는 "투기"라는 오해 속에서 각종 루머를 만들어 온 것입니다.

진실의 한 면 − 기술적 혁명

그러나 블록체인은 단순히 투기의 도구로 머무르지 않았으며 그 본질은 신뢰의 재구성이었습니다.

특히, 탈중앙화 방식은 권력과 정

보를 소수가 독점하지 않고 네트워크 참여자 모두가 함께 관리한다는 의미입니다. 투명성은 거래와 기록은 누구나 열람할 수 있고, 조작이 불가능합니다.

블록체인의 자율성은 계약은 코드로 실행되어 중개자 없이도 안전한 거래가 가능하게 합니다.

원리는 금융, 유통, 의료, 예술, 정치에 이르기까지 다양한 산업을 바꾸고 있습니다. 즉 블록체인은 신뢰를 코드로 전환하는 사회적 혁명이 되어 가고 있습니다.

투기와 혁명의 교차점

현실에서 블록체인은 투기와 혁명이 동시에 존재합니다. 투기적 측면을 보면 가치 평가 기준이 명확하지 않아 가격 변동성이 크고, 여전히 단기 수익을 노린 참여자가 많습니다.

특히, 혁명적 측면을 보면 이미 여러 산업에서 블록체인을 기반으로 한 새로운 서비스와 실험이 진행 중입니다.(예: DeFi, NFT, DAO, 공급망 추적 등) 즉 블록체인은 아직 미완성 단계에 있으며, 투기와 혁명의 교차로에 서 있는 중입니다.

앞으로의 방향

투기의 껍질 벗기기 → 제도적 장치와 사회적 합의가 마련될 때, 블록체인은 더 이상 '투기판'이 아니라 '혁신의 토대'로 자리 잡을 것입니다.

혁명의 심화 → 금융 민주화, 투명한 유통, 디지털 자산화, 새로운 공동체 실험은 이미 혁명적 변화를 보여주고 있습니다.

책임 있는 기술 철학 → 블록체인은 단순한 돈벌이 수단이 아니라, 사회적 가치를 구현하는 도구라는 인식이 자리 잡아야 합니다.

블록체인은 여전히 논쟁 중입니다. 누군가에게는 '투기의 광풍'이고, 누군가에게는 '새로운 문명의 시작'입니다. 그러나 역사를 돌아보면, 모든 혁신은 처음에 투기의 거품과 함께 왔습니다. 철도, 전기, 인터넷도 그랬습니다. 따라서 이제는 질문도 바뀌어야 합니다.

"블록체인은 투기인가, 혁명인가?"가 아니라, "블록체인을 어떻게 투기의 껍질을 벗기고 혁명의 본질로 이끌 것인가?"

그 답을 찾는 과정이 바로, 우리가 함께 걸어가야 할 블록체인 경제의 미래로 가는 길입니다.

[깊이 들어가 보기]

블록체인, 투기냐 혁명이냐-오해와 진실

ICO(Initial Coin Offering) 버블 – 2017년의 교훈

2017년은 블록체인이 대중의 주목을 받은 한 해였다. 수많은 스타트업이 ICO를 통해 자체 코인을 발행하고 투자금을 모았다.

투기의 과열로 실질적 비즈니스 모델이 없는 프로젝트도 수백억 원을 모았었다. 그러면서 사기와 실패, 자금을 모은 뒤 사라지는 '먹튀' 사건도 잇따랐다. 그 뒤 버블 붕괴, 2018년 규제 강화와 시장 신뢰 하락으로 대부분의 프로젝트가 무너져 버렸다.

이 시기는 블록체인에 대한 "투기판"이라는 오해를 강화했지만, 동시에 블록체인이 가진 자금 조달 방식의 혁신 가능성도 드러낸 시기이기도 하다.

NFT 광풍 – 2021년의 열기

2021년, 전 세계는 NFT(Non-Fungible Token, 대체 불가능 토큰)라는 새로운 현상에 열광했다. 예술의 디지털화, 디지털 아티스트

비플(Beeple)의 NFT 작품이 6,900만 달러에 경매되었다. 특히, 대중적 열풍에 힘입어 밈 이미지, 트위터 첫 글, 게임 아이템까지 NFT가 자산으로 거래되었다. 이로 인한, 거품 논란, 수백만 원에 팔리던 NFT가 순식간에 무가치해지는 사례도 등장했다.

NFT 광풍은 블록체인이 단순한 '코인 투기'에서 벗어나 문화와 예술, 창작자의 권리 구조까지 흔들 수 있다는 가능성을 보여 주었지만, 동시에 투기적 성격을 벗어나지 못한 한계도 드러냈었다.

제도권의 실험 – 규제와 수용의 기로

최근 몇 년간 블록체인은 단순한 투기 수단을 넘어 제도권에서 실험적 수용이 이루어지고 있다.

중앙은행 디지털화폐(CBDC) → 중국은 디지털 위안화를 시범 운영 중이고, 유럽·미국도 디지털화폐 발행을 검토하고 있다. 금융권의 채택 → JP모건, 골드만삭스 같은 글로벌 은행들은 블록체인 기반 결제·자산 토큰화를 실험하고 있는 중이다.

한편, 정부의 규제 → 미국 SEC, 유럽 MiCA(Markets in Crypto Assets) 규정 등은 블록체인을 제도권에 편입시키려는 흐름을 보여주었다. 이는 블록체인이 투기의 껍질을 벗고 제도적 혁신의 무대에 서고 있다는 신호이다.

오해와 진실의 교차점

블록체인은 단순히 '투기판'이라는 오해가 있기도 하지만 진실은 블록체인은 이미 금융, 유통, 문화, 행정에 스며들며 사회적 인프라로 진화 중이다. 현실적으로 혁명적 기술은 언제나 초기에는 거품과 투기를 동반한다. 철도·전기·인터넷도 같은 길을 걸었다.

블록체인을 둘러싼 논쟁은 여전히 "투기냐, 혁명이냐"라는 질문에 머물러 있다. 그러나 역사는 다른 질문을 던진다.

"어떤 거품 속에서 무엇이 살아남아 혁명이 되는가?" ICO 버블의 폐허 위에서도, NFT 광풍의 퇴조 뒤에서도, 제도권의 실험 속에서도 블록체인은 여전히 살아남았다. 그리고 지금 그것은 조금씩 투기의 껍질을 벗고 혁명의 본질로 다가가고 있는 중이다.

04. 자본주의 이후, 블록체인이 열어갈 새로운 길

우리는 지금 거대한 문명의 갈림길에 서 있다.

자본주의는 인류에게 풍요와 발전을 안겨주었지만, 그 과정에서 불평등과 독점, 탐욕과 위기를 함께 키워왔습니다. 더 이상 지금의 체제만으로는 모두가 함께 살아갈 미래를 보장하기 어렵다는 자각이 깊어지고 있습니다. 이 전환의 문턱에서, 블록체인은 단순한 기술이 아니라 하나의 새로운 사회적 약속으로 등장하고 있습니다.

권력을 소수가 움켜쥐던 시대에서, 권력과 이익이 모두에게 분산되는 세계로 가는 길. 불투명한 장부와 독점된 권력이 아니라, 투명한 기록과 참여의 합의로 운영되는 사회. 우버와 에어비앤비의 공유경제가 실은 '플랫폼 독점경제'로 변질되었을 때, 블록체인은 "참여자 모두가 주인 되는 진짜 공유경제"의 가능성을 다시 물을 수밖에는 없습니다.

회사와 경영진 없이 코드와 합의만으로 굴러가는 DAO의 실험은 조직이라는 개념의 경계를 없앤다는 측면에서 새로운 시도입니다. 은행 창구 대신 스마트폰에서 이루어지는 대출과 투자, 이에 따른 DeFi는 금융 민주화의 또 다른 이름입니다. 그리고 국경과 제도를 초월하여 디지털 커뮤니티는 새로운 사회 계약의 형식을 제안하고 있는 중입니다.

이 모든 흐름은 한 가지 오래된 가치를 다시 소환하고 있습니다. "弘益人間, 널리 인간을 이롭게 한다."라는 가치입니다. 고대의 이념은 블록체인 분산 경제 속에서 새로운 빛을 얻고 있습니다. 기술 속에 철학이 스며들 때, 자본주의 이후의 문명은 단순히 효율과 성장을 넘어 공존과 상생의 길로 나아갈 수 있는 것입니다.

블록체인은 아직 미완성입니다. 그러나 그것이 열어놓은 길 위에서 우리는 다시금 묻는 중입니다. "경제는 누구를 위한 것인가? 소수의 이익을 위한 것인가, 아니면 모두의 번영을 위한 것인가?" 이 물음에 대한 대답이 곧, 자본주의 이후 우리가 걸어갈 새로운 길이 될 것입니다.

공유경제의 진화 – 플랫폼 없는 공유

우버 기사와 에어비앤비 호스트는 왜 자신들이 만든 가치를 플랫폼 회사와 나눠야만 할까? 블록체인은 "진짜 공유경제"를 가능하게 합니다. 참여자 모두가 주인이고, 보상이 공정하게 분배되는 새로운 모델의 등장을 살펴보겠습니다.

DAO – 회사 없는 회사의 실험

회사가 없다면 누가 의사결정을 내리고, 누가 책임질까?

DAO는 "코드가 운영하는 조직"이라는 전혀 새로운 실험을 보여줍니다. 더 다오의 실패와 메이커다오의 성공, 그리고 수많은 DAO들의 도전을 통해 조직의 미래를 묻고 있는 중입니다.

사회적 금융 – 은행 없는 은행

대출을 받기 위해 은행 창구에 줄을 서던 시대가 저물고 있습니다. 이제 스마트폰과 지갑 앱 하나로, 누구나 네트워크에서 돈을 빌리고 굴리는 시대입니다. DeFi는 금융 민주화의 가능성과 위험을 동시에 드러냅니다.

글로벌 공동체 – 국경 없는 사회 계약

미국 헌법 초판본을 사기 위해 전 세계 수만 명이 인터넷으로 모였습니다. 이것은 단순한 해프닝일까, 아니면 국경을 넘어선 새로운 사회 계약의 신호일까?

블록체인 커뮤니티가 어떻게 국가를 넘어선 공동체를 만드는지 탐구하고자 합니다.

새로운 철학 – 홍익인간정신과 세계적 가치

"널리 인간을 이롭게 한다." 고대 건국이념으로 출발한 이 철학은 블록체인이라는 분산경제 시스템과 만나 인류 공동 번영이라는 보편 가치로 확장되어 가고 있습니다. 기술 속에 깃든 철학은 우리가 꿈꾸는 미래 사회를 행복으로 이끌 것입니다.

05. 블록체인과 양자의학-전혀 다른 두 흐름

양자의학Quantum Medicine

양자물리학적 현상(에너지, 파동, 얽힘 등)을 생명·의학적 치유에 적용하려는 새로운 접근. 핵심은 의식·에너지·정보가 인체의 치유와 깊은 관련이 있다는 관점입니다.

접점, 의료 데이터와 신뢰 – 하나

양자의학 연구나 임상에서는 새로운 개념(예: 파동 기반 진단, 에너지 치유 등)을 다루기에는 종종 기존 제도권 의료가 데이터 신뢰성을 문제 삼곤 합니다. 이때 블록체인은 임상 결과, 환자 기록, 치유 과정의 데이터를 투명하게 기록·검증할 수 있습니다.

연구자·의료진·환자 모두가 같은 원장을 공유하면, 데이터 조작이나 불신을 최소화할 수 있습니다.

즉, 블록체인은 양자의학의 연

구 신뢰성을 보강하는 도구가 될 수 있습니다.

접점, 분산된 치유 네트워크 – 둘

양자의학은 전통의학처럼 대규모 병원 중심이 아니라, 작은 치유 공동체나 개인 단위의 실험에서 발전합니다. 블록체인은 이러한 분산적 치유 네트워크를 하나로 연결하는 인프라가 될 수 있습니다. 예를 들면, 각국의 연구자, 명상가, 치유자들이 데이터를 공유하고, 토큰 보상 구조를 통해 참여를 유도할 수 있는 과학적 기술입니다. 이는 탈중앙화된 연구 생태계를 가능케 합니다.

접점, 의식·에너지 연구와 디지털 인증 – 셋

양자의학은 의식 상태·에너지 흐름 같은 주관적 요소를 중요시합니다. 블록체인은 명상 상태, 뇌파, 생체 에너지 데이터를 디지털 자산처럼 인증하는 새로운 방식으로 활용될 수 있습니다.

예를 들면, "블록체인 기반 명상 상태 인증 시스템(BCMAS)" → 개인의 뇌파나 심박변화 데이터를 블록체인에 기록해 치유 과정의 신뢰도를 높여줍니다. 즉 보이지 않는 치유 경험을 데이터화·공유하는 다리 역할을 할 수 있습니다.

접근 방식

의료 데이터 투명성: 임상시험, 치유 사례를 블록체인에 기록 → 연구 신뢰 확보 후, 특히 분산 연구 네트워크: 국가나 기관이 아닌, 연구자·환자 커뮤니티 중심으로 협력. 토큰 이코노미 기반 보상, 참여 연구자·환자가 데이터 공유와 기여에 대해 보상하는 시스템을 블록체인에 결합할 수 있습니다. 의식·치유 상태 인증, 명상·에너지 치유 데이터의 디지털 트래킹 및 인증히고, 윤리적·철학적 가치를 "홍익인간 정신"과 연결, 즉 기술이 모두를 이롭게 하는 방향으로 설계할 수 있습니다.

블록체인은 양자의학을 합법적·신뢰 가능한 연구 프레임 안으로 끌어올리는 기술적 동반자일 수 있습니다. 반대로 양지의학은 블록체인 경제에 의식·치유·인류적 가치라는 철학적 깊이를 더할 수 있습니다. 즉 두 영역의 만남은 단순한 학제 융합이 아니라, 이는 "신뢰의 기술"과 "의식의 과학"이 만나 인류 치유 패러다임을 새롭게 쓰는 길이라고 볼 수 있습니다.

연결되는 미래

블록체인이 만든 새로운 경제 질서는 Web3.0이라는 인터넷 혁명을 낳았고, 그것은 다시 메타버스라는 또 다른 현실 속으로 확장됩니다. 이 세 가지 흐름은 서로 떨어져 있는 이야기가 아니라, 하나의 연속된 진화입니다.

블록체인: 신뢰와 경제를 새로 정립하다/Web3.0: 인터넷의 질서를 새로 쓰다/메타버스: 삶의 무대를 새로 만들어 가다

그리고 그 중심에는 언제나 같은 질문이 "기술은 과연 누구를 위한 것인가?"

이 책이 말하고자 하는 것은 결국, 홍익인간 정신 - 모두를 이롭게 하는 기술과 경제라는 큰 방향입니다.

06. 블록체인 시대의 윤리와 인간학

서론

21세기의 새로운 경제 질서로 부상한 블록체인은 단순한 기술 혁신이 아닙니다. 그것은 신뢰, 권력, 소유, 인간관계의 구조를 다시 짜는 문명적 사건입니다. 블록체인 경제는 기존 자본주의의 중앙집중적 체계를 거부하며, 참여자 모두가 동시에 주체로 기능하는 새로운 분산적 질서를 모색합니다. 이러한 변화는 필연적으로 윤리와 인간학의 차원에서 근본적 성찰을 요청합니다.

블록체인 시대의 윤리

블록체인 경제의 윤리는 기존 경제 윤리와 몇 가지 점에서 근본적으로 다릅니다.

① 분산의 윤리

권력과 정보는 특정한 주체가 독점하는 것이 아니라, 네트워크 전체에 분산됩니다. 윤리적 관점에서 이는 '권력의 집중을 견제하고, 다수의 참여를 보장하는 정의'와 연결됩니다.

② 투명성의 윤리

블록체인의 불변 기록은 개인과 기관의 행위를 추적 가능하게 합니다. 이는 부패, 조작, 위선을 억제하며, 사회적 책임을 강화합니다.

③ 참여와 책임의 윤리

블록체인 네트워크는 참여자가 단순 수동적 소비자가 아니라, 공동 운영자이자 관리자가 되도록 합니다. 따라서 각 개인은 자신의 행위가 공동체 전체에 영향을 미친다는 점에서 새로운 책임 윤리를 요구받게 됩니다.

블록체인 시대의 인간학

블록체인은 인간에 대한 이해, 즉 인간학의 새로운 지평을 열게 될 것입니다.

① 인간과 신뢰 → 전통적 사회에서 인간은 신뢰를 구축하기 위해 제도와 권위에 의존하였습니다. 하지만 블록체인 경제는 '인간을 믿지 않아도 신뢰가 가능한' 기술적 장치를 제공합니다. 이는 인간의 관계를 '의존에서 자율로' 이동시키는 계기가 됩니다. 이 부분은 많은 고민이 있는 대목입니다.

② 인간과 노동 → 블록체인 경제 속에서 노동은 고용 관계에서 벗어나 DAO 참여자·토큰 기여자·데이터 노동자 등 새로운

형태로 확장됩니다. 이는 인간을 단순히 생산 수단이 아닌, 네트워크적 주체로 재규정합니다.

③ 인간과 소유 → 디지털 자산과 NFT는 '소유'의 개념을 재정의 합니다. 인간은 물리적 세계에서만이 아니라, 디지털 공간에서도 자산과 정체성을 소유하고 교환하는 존재로 진화합니다.

윤리와 인간학의 긴장

블록체인 시대의 윤리와 인간학은 동시에 새로운 긴장과 문제를 내포하고 있습니다.

① 자유 vs 규제 → 탈중앙화는 자유를 확대하지만, 동시에 사회적 안전망과 규제의 필요성과 충돌합니다.

② 익명성 vs 책임성 → 블록체인의 익명성은 사생활 보호를 보장하지만, 동시에 범죄와 불법 거래를 은폐할 수 있는 위험을 내포합니다.

③ 공동체 vs 개인주의 → 블록체인은 공동체적 거버넌스를 강조하지만, 각 개인이 자기 이익을 극대화하려는 경향과 충돌할 수 있습니다.

블록체인 경제는 단순히 돈과 거래 방식을 바꾸는 혁신이 아니라, 인간의 존재 방식과 윤리적 좌표를 재구성하는 계기가 될 것입니다. 그것은 권력과 신뢰의 구조를 재편하고, 노동·소유·정체성에 대한 이해를 새롭게 합니다.

따라서 블록체인 시대의 윤리와 인간학은 기술의 문제를 넘어 "인간이 어떻게 살아야 하는가, 공동체는 어떤 원리에 따라 구성되어야 하는가."라는 근본적 질문을 하지 않을 수 없습니다.

블록체인은 인류에게 새로운 가능성을 열어주었지만, 동시에 그 가능성을 어떤 가치와 철학 속에서 실현할 것인가에 대한 물음을 우리에게 던지고 있습니다.

기고문/
시사칼럼/에세이

디지털 자본주의, 자본의 미래를 다시 묻다 · 293
자본주의의 숨겨진 연료, 빚 · 299
자본주의 이후, 우리는 어디로 가는가 · 305
Web3.0 시대, 사람 중심의 초연결 플랫폼 혁명 · 312
기술, 新경제와 철학經世濟民과 손을 잡다 · 316
홍익인간 정신과 디지털 문명 전환 · 324

『마지막 장에서 우리는 다시 본질을 묻습니다.
"경제는 누구를 위한 것인가?"
"기술은 누구를 살리기 위함인가?"
칼럼과 에세이들은 디지털 자본주의의 본질, 빚의 의미, 자본주의 이후의 삶, 그리고 홍익인간 정신까지 아우르며 이 책을 마무리합니다.』 -본문 요약

기고문 | 테크노 문명과 자본의 진화

디지털 자본주의, 자본의 미래를 다시 묻다

"자본은 여전히 진화하고 있다. 그리고 이제 그것은 눈에 보이지 않는 데이터와 비실물자산(가상자산) 보이지 않는 주의력 속에 숨어 있다."

프롤로그

-우리가 아는 자본주의는 끝났는가?

산업혁명 이후 자본주의는 끊임없이 탈바꿈해 왔다. 기계가 인간의 노동을 대체하고, 금융이 실물경제를 압도하더니, 이제는 디지털이 자본의 새로운 얼굴이 되었다. 우리는 지금 '디지털 자본주의(Digital Capitalism)'라는 거대한 전환점 위에 서 있다. 과연 이 새로운 자본의 세계는 우리에게 어떤 미래를 약속하고 있을까?

디지털 자본주의의 실체

디지털 자본주의는 단지 기술이 접목된 자본주의가 아니다. 그것은 과학기술이 자본을 새롭게 구성하는 방식 자체를 뜻한다. 이제 부의 근원은 공장도, 금융자산도 아니다.

플랫폼, 데이터, 알고리즘, 암호화폐, NFT, 가상부동산 등이 새로운 자본의 핵심으로 부상하고 있다. 디지털 자본의 미래는 어떻게 변화될 것인가?

첫 번째, 플랫폼이 시장을 만들어 간다. 웹2.0은 구글, 아마존, 네이버 같은 거대 플랫폼이 정보를 독점하고 사용자의 행동까지 설계하고 있다. 그러나 웹3.0 시대는 블록체인이 연결하는 P2P 중심 사회, 즉 인간 중심의 가치체계가 구축되어 탈중앙화가 가속화되어 갈 것이다.

두 번째, 데이터가 자산이 되는 데이터 주권 시대가 열릴 것이다. 사람들의 검색과 질문, 클릭, 위치, 습관이 모두 자본화되어 갈 것이다. 집단의 의사결정(DAO) 과정이 탈중앙화 문화로 바뀌고, 계약(Smart Contract) 및 신분 증명(DID)도 스마트하게 변해갈 것이다.

세 번째, 노동은 경계가 사라진다. 플랫폼 노동자, 크리에이터, 디지털 노마드… 더 이상 고용의 형태는 하나가 아니다. 전

문적인 지식은 AI로 대체되고, 이에 따른 전문직업의 종말은 물론 다학제 기반 중심의 교체 지식이 성황을 이루게 될 것이다.

디지털 자본주의는 더 이상 특정 계층만의 문제도 아니고, 특정 산업만의 이슈도 아니다. 우리 모두가 데이터 노동자이자 디지털 소비자이며, 때로는 우리의 인격과 태도가 디지털과 결합하여 새로운 상품군을 형성하게 될 것이다.

디지털 자본의 새로운 얼굴들

디지털 자본주의의 핵심은 '무형 자산'에 있다. 눈에 보이지 않는 가치들이 돈이 된다. 데이터는 새로운 석유라고 각광을 받을 만큼 급성장하고 있으며, 이에 따른 개인의 행동 데이터는 기업에겐 예측과 통제의 무기가 되어가고 있다.

또한, 디지털 알고리즘은 디지털 노동자로서 새로운 노동의 형태가 되어가고, AI는 단순 업무를 넘어 창작과 의사결정을 대체하며 새로운 디지털 자본을 창출하고 있다.

메타버스가 만드는 가상자산은 신흥 자본의 표상으로 산업자본을 대체하고 비트코인, NFT, DAO(탈중앙화 자율조직)는 디지털 자본의 탈국경화와 분산화를 이끌고 있다. 지금까지 자본주의는 끊없이 탈바꿈을 시도해 왔듯이, 이 시대의 자본은 사라지지 않고 디지털화되어 더 보이지 않는 방식으로 우리 사회에 침투하고 있을 뿐이다.

디지털 자본주의의 그림자

이러한 변화는 기회만큼 위험과 불균형도 함께 가져왔다. 웹 1.0, 2.0 시대를 지나면서 감시 자본주의가 강화되어 가고 있으며, 우리의 사적 행동과 관심은 기업에 의해 추적되고 통제되는 불협화음도 경험하고 있다. 또한 거대 기업의 플랫폼 독점은 소수 기업이 생태계를 위협하고 있으며, 중소기업과 개인은 점점 설 자리를 점점 잃어가고 있다. 이처럼 디지털 자본의 출현은 자본주의 어두운 그림자를 더 깊어지게 하고 있는 실정이다.

디지털 자본주의로 인한 노동의 해체는 플랫폼 노동자들을 사회안전망 없이 유연성만을 강요받고 있다. 거대한 플랫폼 회사들의 노동의 착취는 초기 산업자본주의 시대보다 더 강해지고 있으며, 플랫폼 노동자의 삶의 질은 더 열악해지고 있는 형편이다.

디지털은 해방을 약속했지만, 실제로는 새로운 형태의 지배가 우리를 조용히 감싸고 있는 중이다.

그렇다면 새로운 자본의 길은 가능한가? 라는 질문에 우리는 이렇게 답을 해야 하지 않을까? 디지털 자본의 그림자와 함께 우리는 전례 없는 새로운 기회를 맞고 있다. 기술 디지털의 신문명을 다시 사람 중심의 가치로 재설계할 수 있다면, 우리는 디지털 자본의 진화를 인간의 신문명의 발전으로 전환시킬 수 있다. 이처럼 디지털 사회를 준비하는 첫 번째 자세는 분산형 시스템의 가능성을 사회적 현상으로 인식하여 블록체인, 지역화폐, DAO를 통한 자율적 공동체 경제를 사회구성원들의 공유가 필요하다.

두 번째는 공공 디지털 자산의 개념화이다. 교육, 의료, 에너지, 데이터 등 공공재의 디지털화가 우리들의 생활을 바꾸어 갈 것이다. 이로 인한 디지털 윤리와 기술 철학이 강화되어 갈 것이며, 알고리즘 투명성, 인공지능의 공정성 등 사회적 감시기제 마련 등 이러한 방향은 단순한 기술의 변화가 아니라, 자본주의 자체의 진화를 요구하는 문명적 대전환이기 때문이다.

에필로그 – 기술은 중립이 아니다

기술은 도구일 뿐이라는 말은 이제 진부해졌다. 기술은 세계를 구성하는 방식이다. 따라서 디지털 자본주의의 미래는 기술이 결정하는 것이 아니라, 우리가 어떤 가치를 선택하는가에 달려 있다. 우리는 더 빠른 자본주의를 원할 것인가 아니면 더 인간적인 자본주의, 즉 따뜻한 자본주의를 만들 것인가? 지금은 선택의 시간이다.

[시사칼럼, 통권 368호]
부채사회, 우리는 왜 계속 빚을 지고 살아가는가?

∝자본주의의 숨겨진 연료, '빚'∝
"누군가의 부채 없이는 굴러가지 않는 세계"

글 | 현용수 (시사 칼럼니스트/석좌교수/경영학 박사)

빚의 일상화, 누가 이 구조를 만들어 이득 보는가?

주택을 사기 위해, 대학에 가기 위해, 자녀를 키우기 위해, 병원비를 내기 위해 우리는 '빚'을 진다. 불과 한 세대 전만 해도 부채는 회피해야 할 개인의 위기 상황이었다. 그러나 지금은 다르다. 이제 부채는 중산층조차 살아남기 위한 몸부림이 되었다. 이것은 단순한 생활 방식의 변화가 아니며, 시대적 모순이라고 표현하기에는 너무 지나친 면이 있다. *이것은 자본주의가 작동하기 위해 '빚'이 구조적으로 필요하게 된 현상, 그 자체다.*

가계는 소득 이상으로 소비하고, 국가는 지출을 늘리며, 기업은 미래 수익을 담보로 투자한다. 전 세계 경제는 말 그대로 '빚

위에 세워진 탑'이다. 우리가 무언가를 구매하고 누릴 때마다, 그 뒤에는 반드시 누군가의 '부채'가 존재한다.

시스템으로서의 부채, 빚은 어떻게 생산되는가?

오늘날의 금융시스템은 단순히 돈을 돌려 빌려주는 수준이 아니다. 대출을 실행하는 순간, 은행은 돈을 창조한다. 이른바 '신용창조'(credit creation)이다. 이는 곧 '부채=유동성'이라는 공식을 만들어 낸다. 자본주의 사회에서 이 구조가 스스로를 강화하고 있다는 점이다.

아이러니하게도 자본주의 체제하에서는 부채가 늘어날수록 성장률이 높아진다. 이 말은 곧 높은 성장을 유지하려면 더 많은 부채가 필요가 필요하다는 뜻이다. 부채는 통화팽창을 부르고, 자본주의 성장을 위해서는 반드시 병행해야 할 이 시대의 필요악이 되어가고 있다. 그리고 부채가 없으면 '경기침체'가 발생한다.

따라서 국가와 기업, 그리고 시장은 끊임없이 소비자에게 대출과 소비를 권장하고, 신용카드 한도를 높이며, 금리를 낮추고,

대출 규제를 풀어야만 한다. 이것이 바로 현대 자본주의가 개인의 삶을 '빚 중심 구조'로 몰고 가는 방식이다.

이는 항상 개인의 도덕적 책임인가, 자본주의 하의 국가 체제적 강제인가를 다투면서 한 세기를 보내고 있다. 대부분의 사람들은 빚을 개인의 문제로 본다. 하지만 그 이면에는 훨씬 더 교묘한 집단(은행, 기업, 정부 등)의 심리적 장치가 있다. 그래서 이 집단은 빚은 심리적 패배이며, 개인에게 도덕적 책임을 묻고자 한다. 하지만 우리는 이러한 도덕적 책임에 대한 근본적인 질문을 한다. "개인의 도덕적 해이만으로 빚이 양산되는 것일까라고." 이런 의문들이 지금 탈중앙화를 외치고 있으며, 21세기 블록체인 경제를 태동시키고 있는 것이다.

"빚졌으니 책임져라." 빚은 경제도구이자, 심리적 통제수단이다. '열심히 갚아야지'라는 도덕적 책임감은 사람을 더욱 현실 사회에 순응하게 만든다. 빚은 경제적 통제인 동시에 심리적 감옥이다.

이는 자본주의가 개인에게 부과하는 강력한 '내면화된 통제

메커니즘'이다. 청년은 학자금 대출 상환 때문에 창업 대신 기업을 선택하고, 중년은 주택 대출 이자 때문에 회사를 벗어나지 못한다. 이처럼 빚은 경제적 부담을 넘어서 자유를 제약하고 삶의 선택을 제한하는 사회적 통제기제로 작동한다. 놀랍게도 우리는 이 모든 억압을 '정상적이고 합리적인 삶'으로 받아들이고 있다.

빚을 갚기 위해 일하고, 더 많은 소비를 통해 성장을 견인하며, 체제에 순응하는 국민이 바로 이상적인 '경제 인간(homo economicus)'으로 변해가고 있다는 것이다.

그렇다면 자본주의 정책은 누구의 편인가?

한국의 가계부채는 2,000조 원을 넘어서며 OECD 최고 수준이다. 그럼에도 불구하고 정부의 대출 규제 완화, 청년층 전세대출 확대, 소득 대비 LTV 완화 등은 끊임없이 반복되고 있다. 이 모든 정책은 겉으로는 서민 지원이지만, 실질적으로는 부채를 통한 내수 진작, 즉 '국민을 채무자로 만들어 경제를 떠받치려는 방식'에 가깝다.

그 결과는 무엇인가?

부동산 가격은 상승하고, 자산 양극화는 심화된다.

청년층은 일찍부터 채무자로 출발하고, 가족 단위의 금융 불평등은 고착화된다. 위기 때마다 국민이 짊어져야 할 '부채 리스크'만 커지고 있다. 이제는 묻지 않을 수 없다. 이 구조는 누구를 위해 작동하는가? 우리는 하루 빨리 이 부채의 덫에서 빠져 나와야 한다.

현재의 자본주의는 '성장=부채 증가'라는 공식에 너무 깊이 의존하고 있다. 하지만 무한한 성장은 지구 자원, 기후 위기, 사회적 피로 누적으로 더 이상 지속 가능하지 않다. 그렇다면 빚 없이도 돌아가는 사회는 가능할까?

"성장을 넘어선 존엄한 삶은 가능한가?"

전 세계 곳곳에서 조용한 실험이 진행 중이다. '유럽 일부 국가들의 기본소득 실험, 지방정부 주도의 이자 없는 금융조합 운동, 탈성장을 지향하는 지역 순환경제 모델(예, 한국의 경기 지역화폐 등), 대안화폐·블록체인을 활용한 '화폐의 민주화' 실험, 블록체인 기반 신뢰 시스템 등 이들은 자본주의의 '빚 중심구조'를 넘어서는 새로운 상상을 실천하고 있는 중이다.

그 후, 홍익정신(널리 이롭게 하는 마음)과 블록체인 경제의 도입, 즉 경세제민의 길만이 대중의 빚을 해결할 수 있다.

우리는 자본주의에 끝없이 질문을 해야 한다. 빚진 삶을 넘어서 새로운 삶을 설계할 수 있는가에 대한 끝없는 답변 요구이다. 이 질문은 단순히 경제적 의문이 아니라 삶의 방식, 사회의 설계, 그리고 인간의 자유에 대한 근본적인 물음이기 때문이다.

자본주의는 언제부터인가 사람에게 "빚져야만 살아남을 수 있다"고 말해왔다. 그러나 이제는 우리 스스로 물어야 할 때다. "이 부채는 진짜 필요한 것인가, 아니면 만들어진 것인가?"

[자본주의 이후를 묻다] 통권 347호
-포스트자본주의, 따뜻한 자본주의-

[현용수 석좌교수 칼럼] 두 번째 시리즈(2화)

자본주의 이후, 우리는 어디로 가는가?
– UNI가 던지는 21세기 선언

"성장의 종언과 의식의 전환, 새로운 문명을 향한 사유"

우리는 지금 어떤 시대를 살아가고 있는가?

몇 세기를 지속해 온 자본주의 체제는 여전히 진행 중이다. 초기 자본주의(대략 15세기 중반부터~18세기 중반까지), 후기 자본주의(19세기 후반부터~20세기 중반 정도), 신자본주의(1970·80년대 이후 등장)를 기반으로 자본주의 시장은 돌아가고, 이 사회의 주가, 금리, 물가, 부동산 등을 지배하고 있다.

또한, 21세기 과학기술은 계속 진보하고 있다. 하지만 동시에 우리는 자주 혼란스럽다. 일자리는 줄어들고, 물가는 오르며, 인간의 삶은 점점 더 피로해진다. 산업은 확장되지만 지구는 한계에 다다르고 있고, 성장은 이어지지만 삶의 질은 정체되거나 오히려 후퇴하고 있다.

  자본주의는 한때 전 세계인을 위한 이념이고 사상이며, 또한 미래를 열어줄 희망이었으며, 지금도 전 지구를 거의 지배하고 있는 중이다. 산업화와 자유무역, 금융과 소비를 중심으로 한 이 체제는 인간을 빈곤에서 구출하고, 민주주의를 확산시켰으며, 과학과 기술의 발전을 앞장서 이끌었다. 그러나 지금 우리는 점점 더 자주 '자본주의 이후post-capitalism'라는 단어와 마주하게 된다.

  세계경제포럼(WEF), IMF, 월스트리트조차 "자본주의 체제의 위기"를 말한다. 그렇다면 자본주의는 무엇이 문제인가? 왜 자본주의는 지금 의문을 받고 있는가?

  첫 번째, 자본주의 경제를 주도하고 있는 선진국가의 경제성장은 멈췄고, 불평등은 더욱 깊어져 사회적 이슈가 되었다.

  과거, 자본주의는 성장을 통해 가난을 해결할 수 있다는 약속을 해왔다. 하지만 2008년 세계 금융위기를 기점으로 그 약속은 대중들에게 점점 신뢰를 잃어가고 있다.

  경제 명목상 GDP는 오르고 있지만, 실질임금은 정체되었고,

상위 1%는 하위 99%보다 더 많은 부를 가진 불평등 사회가 되었다. 한국 사회 역시 이 흐름에서 예외는 아니다. 고용은 불안정하고, 주거비는 감당할 수 없으며, 교육은 과열된 경쟁 속에서 소외를 만들어 내고 있다. 그 소외는 각종 빈곤, 범죄, 폭력 등 사회문제를 양산하고 있는 중이다.

또한, 거대 플랫폼 기업들은 자율과 유연성을 말하지만, 노동자들은 점점 더 고립되고, 무권리 상태로 거리로 내몰리고 있다. 지금은 '나의 시간'을 온전히 통제할 수 없는 삶 속에서, 인간은 점점 더 기계처럼 일하고 기계처럼 소비하는 존재가 되어 가고 있다.

두 번째, 기술은 발전했지만, 인간은 더욱 소외로 몰리고 있다. 4차 산업혁명은 일상화되었으며, 인공지능, 자동화, 로봇, 블록체인, 메타버스 등 이름조차 익숙한 기술들은 상상했던 미래를 실현하고 있다. 그러나 문제는 기술이 아니다. 그 기술이 누구를 위한 것이며, 왜 인간에게 정신적 물질적 소외를 주는가에 있다.

이제 AI 인공지능은 인간의 노동을 대체하고 있다. 이는 단순한 일자리의 문제를 넘어 인간의 '존재 방식' 자체를 흔드는 변화이다. 우리는 더 이상 노동을 통해서 인간의 정체성을 찾을 수 없다. 그렇다면 '노동 없는 시대'에 인간은 무엇으로 존엄을 유지할 수 있는가?

인간의 노동이 AI 인공지능에 대체된다면 인간과 AI에 대한 소득은 어떻게 재분배되어야 하며, 또한 노동 이외에 인간의 시간은 어떤 방식으로 사회와 연결되어야 하는가? 이 질문은 단지 경제학적 논의뿐만 아니라 철학적 사유를 요구하게 된다.

인간의 노동이 AI 인공지능과 휴먼 로봇에 의해 소외되어 가고 있을 때, 미래 새로운 경제체제의 출현은 불가피할 수밖에 없다. 그래서 NE S·E·M의 나눔과 기부가 소득이 되는 사회적운동이 새로운 자본경제의 신 모델로 떠오르고 있는 것이다.

세 번째, '자본주의 이후'의 새로운 가능성을 어디에서 찾고, 어떻게 만들어 갈 것인가? 이제 세계 곳곳에서 자본주의 이후를 상상하는 목소리가 등장하고 있다. 가장 대표적인 개념 중 하나는 '탈성장Degrowth'이다. 이 이론은 더 이상 GDP 성장만을 삶의 목표로 삼을 수 없다는 데서 출발한다. 지구는 유한하고, 인간의 삶은 단순한 생산과 소비로 측정될 수 없다는 인식이다.

또 하나는 '공유경제'와 '디지털 커먼즈Commons'의 부상이다. 블록체인과 Web3.0 기술은 플랫폼의 소유권을 사용자에게 돌려주고, 데이터의 주체를 개인으로 재정의하고 있다. 이는 '분산된 권력'과 '참여 기반의 연대'를 가능케 하며, Web2.0 플랫폼 자본주의에 대한 실질적 대안을 제시하고 있는 중이다.

그밖에도 기본소득, 생태자연주의, 지속가능한 도·농공동체, 지역 순환경제 등 다양한 실험들이 전 세계에서 동시다발적으로 이루어지고 있다. 이들은 모두 하나의 질문을 공유한다. "사람은 단지 경제적 동물인가, 아니면 관계하고 돌보고 창조하는 존재인가?" 자본주의 체제하에 살아가는 우리는 과학기술의 발전과 함께 이제 사람을 돌아보고 함께하는 길을 모색해야 한다.

우리는 어떻게 소유에서 존재로의 전환, 그리고 문명을 재설계할 것인가? 자본주의 이후를 상상한다는 것은 단순히 시장의 구조를 바꾸는 일이 아니다. 그것은 인간의 존재 방식, 삶의 의미, 생활공동체의 구조를 새롭게 만들어 가는 일이다.

우리는 풍요의 시대에 살고 있다. 하지만 지금 "더 많이 가질 것인가?"에서 "어떻게 존재할 것인가?"로 질문을 바꾸지 않으면 인간의 지속가능한 삶을 영위할 수 없는 지경에 이르렀다. 인간의 욕망은 무한하지만, 지구의 자원은 유한하다.

자본의 성장이 환상이 아닌, 지속가능한 삶의 질을 중심에 둔 사회(E·S·G), 나눔과 기부 그리고 배움과 학습을 통한 인간의 가치를 새롭게 규정해야 할 시기가 도래한 것이다. 그렇다면 지금 이 시기에 NE S·E·M 분배와 나눔을 통한 행복한 소득을 만들어가는 게 진정 우리가 나아가야 할 방향이 아닐까.

네 번째, 마무리하면서 지금 우리는 새로운 문명을 위한 사유의 전환이 필요하다. 자본주의는 분명히 인류를 풍요롭게 발전시켜 왔다. 그러나 그 체제가 지속 불가능하다는 수많은 징후가 지금 세계 도처에서 드러나고 있다.

이제 중요한 것은 '체제의 종말'이 아니라, '새로운 시작'을 어떻게 설계할 것인가이다.

그 시작은 기술이 아니라 사람과 함께할 경세제민에서, 단순한 정치적 정책이 아니라 혁신적 의식에서, 소비가 아니라 관계에서, 성장만 추구하는 게 아니라 나눔과 기부를 통한 행복한 소득에서 다시 출발해야 한다.

　인간이 다시금 중심이 되는 사회. 삶이 경쟁이 아니라 돌봄이 되는 사회, 그리고 나눔이 문화가 되는 공동체가 탄생할 때, 자본주의 이후, 그 새로운 세계, 즉 UNI공동체가 추구하는 *따뜻한 자본주의*는 결코 먼 미래가 아니다. 그것은 지금 이 순간, 우리 모두에게 던지는 질문과 실천 속에서 *NE S·E·M*의 나눔과 행복한 소득은 이미 조금씩 시작되고 있다.

[웹 3.0시대의 경세제민을 꿈꾸다] 통권 346호
-포스트자본주의, 홍익인간경제학-

Web3.0 시대, 사람 중심의 초연결 플랫폼 혁명

"AI·블록체인·홍익정신이 만나 만든 새로운 분배 시스템의 탄생"

Web3.0은 단순한 기술의 진화가 아니다. 그것은 사람 중심의 디지털 생태계로의 대전환, 곧 '플랫폼 혁명'이다. Web1.0 시대는 정보를 일방적으로 제공하는 정보의 단방향 시대이다.

Web2.0 시대는 사용자가 콘텐츠를 직접 생산하며, 플랫폼 중심의 데이터 독점구조가 형성되었으며, 특히 Web 2.0 시대는 소셜미디어와 스마트폰의 폭발적 성장으로 사용자 참여를 가능케 했지만, 결국 데이터와 권력은 소수의 플랫폼 기업에 집중되었다. *"페이스북, 구글, 아마존 등 거대 플랫폼은 우리의 일상과 감정, 심지어 선택까지도 설계했다."*

그러나 Web 3.0은 질문을 던진다. "플랫폼의 진짜 주인은 누구인가?" 이제 Web3.0 시대는 개인 주권의 회복, 블록체인 분산 기술을 통한 자율적 연결, 가치 중심의 플랫폼 생태계를 향한 혁명이 시작되고 있다.

사용자는 단지 '가입자'가 아닌, 플랫폼의 공동설계자이자 경제적 참여자가 된다. 이제 우리는 기술에 지배받지 않고, 기술을 함께 만드는 시대를 맞이하고 있는 것이다.

Web3.0 시대의 플랫폼 혁명은 첫 번째, 플랫폼 중심에서 사람 중심으로 기술이 재편되고 있으며, 특히 블록체인, 탈중앙화 신원(DID)[9], DAO(탈중앙화 자율조직)[10] 등 신기술을 통해 플랫폼 권력을 사용자에게 돌려주고 있다. 개인은 단순한 이용자가 아니라 데이터의 소유자이자 창조자, 플랫폼의 공동설계자로 등장한다. 이는 '플랫폼이 인간을 지재하던 시대'에서 '인간이 플랫폼을 주도하는 시대'로의 패러다임 전환이다.

두 번째, 초연결(Intelligent Hyper connectivity)의 본질이다. Web 3.0은 사람, 사물, 정보, 그리고 인공지능이 실시간으로 상호작용하는 지능형 초연결 네트워크를 지향한다. 단순히 많은 것이

---

9) DID란 Decentralized Identifier 중앙시스템에 의해 통제되지 않으며 개개인이 자신의 정보에 완전한 통제권을 갖도록 하는 기술이다.
10) DAO란 Decentralized Autonomous Organization, 즉 별도의 중앙화 되어 있는 관리주체의 위계나 서열이 없이(탈중앙화) 스마트컨트랙트를 투명하게 정해진 규칙에 따라 구성원 모두가 자율적으로 공동의 의사결정에 따라 참여해 목표달성을 추구하는 조직을 말한다.

연결되는 것이 아니라, 의미 있는 방식으로 연결된다.

이러한 연결은 인간의 직관, 감정, 목적성을 반영하며, AI와 함께 집단지성(Intelligence of the Crowd)을 형성해 새로운 창조와 혁신을 낳는다.

세 번째, 가치 중심의 디지털 생태계로의 진화이다. Web 3.0의 플랫폼은 단순한 기능이나 속도를 넘어, 보편적 가치(value)를 중심으로 진화한다. 개인은 자신의 시간, 데이터, 창의성을 토큰화하여 교환하고 보상받는다. 이는 경제뿐만 아니라 교육, 의료, 문화 등 다양한 분야에서 가치 기반 사회를 가능하게 한다.

특히, 참여 기반 보상 시스템은 이용자의 신뢰와 주인의식을 높이며, 공동체적 플랫폼의 지속 가능성을 키운다.

네 번째, 기술을 넘은 철학, 즉 존재의 연결이다. Web3.0은 기술적 혁신을 넘어서, 존재와 존재가 연결되는 새로운 형태의 공동체를 형성한다. 물리적 공간을 넘어, 메타버스와 같은 가상공간 속에서도 사람은 '데이터'가 아닌 '존재'로 존중받고, 진정한 관계성과 참여를 경험하게 된다.

결론적으로 Web 3.0은 플랫폼의 혁명이자, 인간의 혁명이다.

Web 3.0 시대는 단지 스마트한 기술의 도입이 아니라, 인간을 중심에 놓는 새로운 질서의 형성이다. 초연결성과 분산 기술, 그리고 사람 중심의 가치철학이 결합된 플랫폼은, 인간 삶의 방식 자체를 재정의하고 있다.

그래서 UNI(Universal Network Interface)는 이제 기술이 아닌 인간이 중심이 되는 플랫폼 혁명, 즉 디지털 인본주의의 시대를 지향하려고 한다.

[현용수 석좌교수 칼럼]

기술, 新경제와 철학(經世濟民)과 손을 잡다

"AI · 블록체인 · 홍익정신이 만나 만든 새로운 나눔과 분배 시스템의 탄생"

새로운 나눔과 분배 시스템의 탄생 "널리 인간을 이롭게 하라."

고대의 철학이 지금, AI와 블록체인의 만남 속에서 다시 태어나고 있다. 나눔과 분배의 방식은 단순히 경제의 문제가 아니다. 그것은 우리가 어떤 가치를 중심에 두고 살아가느냐의 선언이며, 인간 공동체의 방향성을 결정짓는 심오한 진화의 축이다. 그리고 지금 우리는 새로운 질문 앞에 서 있다. "기술은 과연 인간을 위한 나눔과 분배를 가능하게 할 수 있는가?"

기술, 新경제와 철학(經世濟民)과 손을 잡다

AI는 지금 인간을 돕는 예측과 판단의 두뇌가 되었고, 블록체인은 신뢰를 재설계하는 기술로 떠올랐다. 한편, 한국 고유의 홍익정신은 '나눔'과 '공유', 그리고 '공동선'에 뿌리를 둔 철학이다. 이 세 가지가 만났을 때, 우리는 전에 없던 새로운 나눔과 분배 시스템을 상상할 수 있게 된다. 바로, 공정하고 투명하며, 모두가 참여하고 혜택 받는 새로운 생태계이다.

AI 인공지능, 나눔과 분배의 판단 Judge

AI는 데이터를 기반으로 자원과 혜택의 흐름을 분석하고, 필요 기반 맞춤형 나눔과 분배를 가능케 한다. 단순한 기계적 분배가 아니라, 의도와 상황을 이해하는 나눔과 분배다. 예컨대, 커뮤니티 내에서 기여도가 높은 사용자, 정서적으로 취약한 참여자, 창의적 공헌자 등에게 AI는 '보이지 않는 손'처럼 작동해 균형 잡힌 나눔과 분배를 실현한다.

블록체인, 나눔과 분배의 신뢰 Trust

기존의 분배 시스템은 누가, 어떻게, 얼마나 가져갔는지 알 수 없는 '블랙박스'였다. 하지만 블록체인은 모든 분배 기록을 투명하게 저장하고, 누구나 확인할 수 있게 만든다. 신뢰는 시스템이 아니라 기록의 불변성과 공개성에서 나온다. 더 이상 '권력자'가 나누는 것이 아니라, 시스템과 공동체가 함께 만드는 나눔과 분배 구조가 가능해진다.

홍익정신, 나눔과 분배의 영혼Spirit

AI 인공지능과 블록체인이 아무리 진보하더라도, 그 나눔과 분배의 '방향'은 철학이 결정한다. 여기서 홍익정신은 중요한 역할을 한다.

"널리 인간을 이롭게 하라"는 이 정신은 경쟁보다는 상생, 독점보다는 공유, 소수의 축적보다는 모두의 행복을 지향한다. 이는 Web 3.0의 분산 생태계, DAO(탈중앙화 자율조직), 코인·토큰 경제와도 자연스럽게 맞닿는다. 기술은 도구일 뿐, 그것을 인간적인 가치를 위해 사용할지는 우리의 철학에 달려 있다.

새로운 나눔과 분배 시스템인 NE S·E·M과 UNI공동체는 다음과 같은 시스템을 지향한다.

첫 번째, 참여 기반 보상 시스템이다. 각 협/단체 행동과 참여를 정량·정성적으로 AI 인공지능이 평가하여 공정하게 나눔과 분배를 할 수 있도록 기술적 진화가 이루어진다.

두 번째, 신뢰 기반 커뮤니티이다. 블록체인으로 모든 나눔과 분배의 의사결정을 투명하게 기록한다.

세 번째, 공동선 중심 행복한 나눔 설계이다. UNI공동체 이익의 우선순위를 '공동체 행복'으로 두는 철학적 토대의 마련이다.

이 시스템은 단순한 기술혁신이 아닌, 디지털 사회계약의 재설계다. 그리고 그 중심에 '사람'이 있다.

결론적으로 나눔과 분배는 미래세대를 위한 위대한 질문이다. 우리는 지금 가진 자의 축적에서 모두가 함께 성장으로 나아갈 수 있는 문턱에 서 있다.

AI 인공지능과 블록체인은 그 문을 열 열쇠이고, 홍익정신은 우리가 들어설 방향을 제시하는 나침반이다.

나눔과 분배는 곧 문명이다. 과학기술이 만들어낸 이 새로운 문명은, 즉 "모두를 위한 풍요"라는 가장 오래된 꿈을 다시 현실로 부르고 있다.

AI 인공지능·블록체인·양자의학·홍익정신이 만나 만든 교육, 치유, 공동체를 위한 나눔과 분배 혁명의 서막

"과학기술은 진화했지만, 인간은 여전히 그 기술로 부터 소외되고 있다. 이제는 기술이 아닌 사람을 중심에 둘 때이다."

첫 번째, 교육 플랫폼은 참여를 바탕으로 '배움 기반 분배(L To E)'로 다시 태어나고 있다. 기존의 온라인 교육 플랫폼은 강사와 학생, 콘텐츠 제작자와 플랫폼 운영자 간에 수익과 가치의 불균형을 만들어왔다. 누가 가장 많이 기여했는가보다, 누가 먼저 진입했는가? 혹은 누구에게 권한이 있는가? 등이 수익의 대부분을 차지했다.

그러나 Web 3.0 기반 교육 플랫폼은 다르다.
AI 인공지능은 학습자의 참여도와 질적 성장, 커뮤니티 기여도를 정밀하게 분석하고, 그에 따라 디지털 자산 분배를 통한 장학기금을 분배한다.

블록체인은 수강 이력, 기여 내역, 피드백을 투명하게 기록하고 누구나 검증할 수 있도록 한다. 무엇보다도 홍익정신은 이 시스템에 '공유 지식'과 '함께 성장'이라는 가치를 심는다.

지식은 누군가의 독점물이 아니라, 모두가 이로움을 위해서 존재해야 한다는 철학이 살아있는 것이다. 이 교육방식이 UNI 공동체 산하 NE S.E.M Members 세계로 장학재단에서 전 세계인을 대상으로 실현하려는 '양자의학'의 전문교육이다.

두 번째, 치유 산업, '나눔'을 중심에 둔다. 치유산업의 메카를 만들기 위한 노력이 포천에 조성하고 있는 '수목정원'이 치유산업의 새로운 모델이 될 것이다. 치유 산업은 빠르게 성장하고 있지만, 여전히 비용 부담과 접근성의 벽이 높다. 좋은 치유 프로그램일수록 일부 계층에만 제공되는 구조가 많다.

그러나 AI·블록체인·홍익정신이 접목된 치유 플랫폼은 전혀 다른 원리를 따른다. AI 인공지능은 사용자의 정신적·신체적 상태를 분석해 맞춤형 치유 경로(설계)를 추천한다. 블록체인은 치유 콘텐츠의 제작, 참여, 평가 과정을 기록하고 보상한다.

그리고 홍익정신은 이 모든 시스템이 '모든 생명의 이로움'을 목표로 움직이게 하는 핵심 철학이다. 이러한 시스템에서는 단순한 서비스 이용자가 아니라, 치유 생태계의 공동 창조자가 된다. 명상, 상담, 자연요법, 감성 콘텐츠 등 다양한 치유 행위가 공공 자산화되고, 참여자와 기여자에게는 공정한 보상이 돌아간다.

  세 번째, 지역 공동체, 과학기술로 다시 '품앗이'한다. 지역 공동체는 Web 3.0 시대의 숨은 주인공이다. 그간 디지털 자원은 대도시에 집중됐지만, 새로운 분배 시스템은 지역의 참여와 연결성을 재조명한다.
  지역 주민이 직접 참여한 프로젝트(교육, 문화행사, 환경정비 등)는 AI로 정량화되어 NE S.E.M 시스템을 통해서 보상받을 수 있다. 블록체인은 마을 운영, 회계, 회의 의사결정을 완전 투명하게 기록한다.

  홍익정신은 이 시스템에 '함께 살고, 함께 돌본다.'는 공생의 가치를 부여한다. 이제 마을은 단순한 생활공간이 아니라, 가치를 창출하고 공유하는 스마트 공동체로 진화하고 있다. 디지털 품앗이, 마을 기반 DAO(탈중앙화 자율조직), 지역 토큰 발행은 공정한 순환 경제를 실현하는 구체적인 방법이 되고 있다.

결론적으로 나눔과 분배는 선택이 아니라, 문명의 조건이다. AI는 지능을, 블록체인은 신뢰를, 홍익은 영혼을 더한다.

이 세 가지가 융합된 새로운 분배 시스템은 우리가 교육을 나누는 방식, 치유를 제공하는 방식, 마을을 살아가는 방식을 근본부터 재설계한다. 그것은 과학기술에 의한 혁명이 아니라, 사람을 위한 혁명이다.

그리고 이 흐름에 가장 먼저 반응한 사람들이 바로 지식과 치유, 공동체적 가치를 소중히 여기는 UNI공동체 회원들이다.

"NE S.E.M의 분배시스템은 단순한 나눔이 아니다. NE S.E.M의 분배와 나눔 시스템은 우리가 어떤 세상을 꿈꾸느냐에 대한 선언이다." [UNI 공동 선언문 중에서]

[현용수 석좌교수 칼럼]

홍익인간 정신과 디지털 문명 전환

- 양자의학적 가치와 블록체인 경제가 여는 새로운 인간학 -

오래된 빛, 새로운 길

역사는 종종 오래된 사상 속에서 미래를 비추는 빛을 발견한다. 오늘날 인류는 인공지능과 블록체인, 메타버스와 양자컴퓨팅이 이끄는 거대한 문명의 전환기에 서 있다. 기술은 눈부시게 진보하지만, 그 진보가 인간을 어디로 이끌 것인지는 여전히 불투명하다. 이때 우리는 오히려 먼 고대에서 들려오는 목소리에 귀 기울여야 한다.

"弘益人間, 널리 인간을 이롭게 하라."

이 간명한 말은 고조선의 건국이념이자, 동시에 오늘날 디지털 문명이 직면한 가장 근본적 질문에 대한 응답할 수 있는 경제적/정치적/철학적 사유이다. 블록체인 기술의 목적은 무엇인가,

그리고 그 최종 수혜자는 누구인가. 홍익인간 정신은 이에 대해 "인간을 중심에 두라, 그러나 그 인간은 나 혼자가 아니라 모두를 포함한 인류."라고 말하고 있다.

기술과 인간 사이의 긴장

기술은 인간의 손에서 태어났지만, 때로는 인간을 거꾸로 통제한다. 플랫폼은 우리의 시간을 수치화하고, 알고리즘은 우리의 선택을 예측하며, 데이터는 우리의 삶을 디지털 흔적으로 환원시킨다.

우리는 스스로에게 묻는다. 기술은 인간을 돕는 것인가, 아니면 인간을 감시하는 것인가? 디지털 문명은 삶을 풍요롭게 하는가, 아니면 소외와 불평등을 심화시키는가?

이 물음은 단순한 기능적 판단을 넘어, 인간의 존엄과 자유, 그리고 공동체적 삶의 조건에 대한 철학적 성찰을 요청하고 있다. 그 지점에서 홍익인간 정신은 윤리적 물음표로서 다시 살아나고 있다. 그것은 기술이 달려가는 속도 속에서 우리가 잃지 말아야 할 인간학적 중심을 상기시키고 있는 것이다.

분산된 신뢰, 공유되는 삶 – 블록체인 경제

블록체인은 탈중앙화라는 이름으로 권력을 분산시키고, 신뢰를 코드와 네트워크 속에 넣어준다. 기존의 금융과 행정 시스템이 중앙집중적 권위에 의존했다면, 블록체인은 참여자 모두가 검증자이자, 기록자가 되는 새로운 신뢰의 구조를 설계한다. 이는 단순한 기술적 혁신이 아니라, 경제적 인간학의 재구성이다.

노동자는 기업의 종속적 고용인이 아니라 DAO(탈중앙화 자율조직)의 참여자이자 공동 운영자이다. 소비자는 단순한 구매자가 아니라, 토큰 경제의 일원으로서 가치 창출과 분배에 기여하게 된다. 그리고 데이터는 기업의 자산이 아니라, 개인이 주권적으로 관리하고 공유할 수 있는 자원이 될 것이다.

이러한 변화는 곧 "모두를 이롭게 하는 경제"라는 홍익정신의 현대적 구현이라 할 수 있다. 블록체인 경제는 소수가 아닌 다수가, 독점이 아닌 공유가, 배제가 아닌 참여가 실현되는 구조를 지향한다.

몸과 의식, 양자의학적 가치

 기술문명이 바깥 세계를 혁신한다면, 양자의학은 인간 내부의 세계를 다시 바라보게 한다. 양자의학은 인간을 단순히 물리적·기계적 존재가 아니라, 에너지와 의식이 얽혀 있는 전인적 존재로 이해한다. 질병은 단순한 고장이나 결핍이 아니라, 에너지의 불균형이자 의식의 왜곡이다. 치유는 단순한 치료 행위를 넘어, 몸·마음·정신을 통합하는 전체적 회복 과정이다.

 양자의학적 가치는 "자기 치유와 자기 성찰을 통한 공동의 이익"을 지향한다. 이는 곧 홍익정신과의 조응照應이다. 나의 치유와 성장이 곧 공동체의 이익으로 확장되고, 개인의 내적 균형이 사회적·문명적 조화로 이어진다. 기술이 외부적 신뢰를 설계한다면, 양자의학은 인간 내부의 신뢰를 회복시킨다. 두 흐름은 안과 밖의 홍익을 함께 완성하는 원초적 에너지이다.

인간을 위한, 인간에 의한 문명

 홍익인간 정신은 과거의 건국이념이 아니라, 오늘날 디지털 시대의 철학적 나침반이다. 그것은 기술적 진보보다 더 근본적인 물음을 우리 앞에 놓여 있다.

"누구를 위한 혁신인가?", "인간은 기술 속에서 어떻게 더 인간다워질 수 있는가?", "몸과 의식의 균형은 어떻게 사회적·경제적 균형으로 확장될 수 있는가?"

디지털 문명이 인류에게 새로운 권력과 자유를 동시에 안겨줄 때, 이러한 질문에 대한 우리의 대답이 곧 문명의 방향을 결정한다.

맺음말 – 새로운 인간학의 지평

문명의 전환은 언제나 인간에 대한 새로운 이해를 요구한다. 홍익인간 정신은 기술에 앞서 인간을 중심에 놓으라는 오래된 가르침이자, 디지털 문명의 윤리적 설계도이다.

블록체인 경제는 분산과 공유의 질서를 통해 경제적 홍익을 실현하고, 양자의학적 가치는 인간을 전인적 존재로 회복시켜 내적 홍익을 이루며, 홍익인간 정신은 이 모든 흐름을 하나로 묶어, 기술과 인간이 함께 성장하는 새로운 인간학을 가능하게 한다.

기술이 인간을 지배하는 시대가 아니라, 기술이 인간을 돕고 함께 성장하는 시대. 이것이야말로 홍익인간 정신, 양자의학, 블록체인 경제가 만나 열어가야 할 문명의 새로운 지평이다.

■ 에필로그

모두를 이롭게 하는 길 위에서

우리는 오랜 여정 끝에 다시 처음 질문으로 돌아갑니다.
"경제는 누구를 위한 것인가?" "기술은 누구를 살리기 위함인가?" 블록체인은 단순한 암호 기술이 아니라, 인류가 오래도록 찾아온 신뢰와 공정의 문제에 대한 응답이었습니다. Web3.0은 인터넷을 모두의 것으로 되돌려주었고, 메타버스는 현실과 가상이 겹쳐진 새로운 무대를 열어가려고 합니다. 그러나 중요한 것은 기술 그 자체가 아니라, 그 기술을 어떤 가치로 이끌어 가는 게 인간의 삶을 행복하게 만들 수 있을까요?

한국의 오래된 정신, 홍익인간弘益人間은 단순한 전통적 구호가 아닙니다. 그것은 "널리 인간을 이롭게 한다."는 인류 보편의 지혜이며, 블록체인 경제가 나아가야 할 방향을 가리키는 철학적 나침반입니다.

우리는 이제 선택의 기로에 서 있습니다. 블록체인 경제는 투기적 광풍으로 끝날 수도 있고, 모두가 참여하고 이익을 나누는 새로운 문명사적 질서로 발전할 수도 있습니다. 그 미래는 기술이 아니라 우리의 선택과 철학에 달려 있습니다.

이 책이 다룬 모든 이야기 −블록체인의 기원, 돈의 변화, 산업의 혁신, 사회적 파급, Web3.0과 메타버스, 그리고 미래 전망− 은 결국 하나의 물음으로 모아집니다.
"우리는 어떤 세상을 만들고 싶은가?" 독자 여러분, 에필로그는 끝이 아니라 새로운 시작입니다. 신뢰가 분산되고 권력이 나뉘며 이익이 공유되는 사회, 즉 블록체인과 Web3.0, 메타버스가 열어가는 미래는 아직 쓰이지 않은 페이지와도 같습니다. 그 페이지 위에 우리는 이제 이렇게 적어야 할 것입니다.

"기술은 사람을 위해, 경제는 모두를 위해." 그리고 그것이 곧, 모두를 이롭게 하는 길입니다.

2025.09
목원 현용수

디지털미래사전

블록체인 용어 해설집
메타버스 용어 해설집
Web3.0 용어 해설집

[디지털미래사전]

블록체인 용어 해설집 (가나다 순 정렬)

- DAO (탈중앙화 자율조직): 사장이 없는 회사. 블록체인 코드와 투표로 운영되는 조직.
- NFT (대체 불가능 토큰): 디지털 자산의 진품 인증서. 그림, 음악, 게임 아이템의 소유권 증명.
- 노드(Node): 블록체인 네트워크에 참여하는 컴퓨터. 거래를 검증하고 기록.
- 디파이 (DeFi, 탈중앙화 금융): 은행 없는 은행. 중개자 없는 금융 서비스.
- 메타버스 (Metaverse): 현실과 가상이 융합된 세계. 블록체인과 결합해 경제 활동 가능.
- 비트코인 (Bitcoin): 최초의 암호화폐. 블록체인 혁명의 상징.
- 블록체인 (Blockchain): 분산된 참여자들이 함께 쓰는 투명한 장부.
- 분산원장 (Distributed Ledger): 네트워크 전체에 동시에 기록되는 장부.
- 스마트 계약 (Smart Contract): 조건이 충족되면 자동 실행되는 계약.
- 암호화폐 (Cryptocurrency): 블록체인에서 발행되는 디지털 화폐.
- 이더리움 (Ethereum): 스마트 계약을 가능케 한 블록체인 플랫폼.
- 채굴 (Mining): 블록을 생성하고 코인을 보상받는 과정.
- 토큰 (Token): 블록체인에서 발행되는 디지털 자산. 서비스 이용권, 투표권, 포인트 등.
- 탈중앙화 (Decentralization): 권력과 데이터가 중앙이 아닌 네트워크에 분산되는 구조.
- 합의 알고리즘 (Consensus Algorithm): 네트워크 참여자가 같은 기록을 공유하도록 만드는 규칙.

Blockchain Glossary (Alphabetical Order)

- Bitcoin: The first cryptocurrency, symbol of blockchain revolution.
- Blockchain: A transparent, shared ledger linking data blocks chronologically.
- Consensus Algorithm: Rule that makes all participants agree on the same record.
- Cryptocurrency: Digital money issued on blockchain (e.g., Bitcoin, Ethereum).
- DAO (Decentralized Autonomous Organization): A company without a boss, run by code and votes.
- DeFi (Decentralized Finance): Bankless banking. Financial services without intermediaries.
- Distributed Ledger: Ledger replicated and shared across multiple nodes.
- Ethereum: Blockchain platform enabling smart contracts and dApps.
- Metaverse: Digital world merging real and virtual life, empowered by blockchain.
- Mining: Creating new blocks and receiving coin rewards.
- NFT(Non-Fungible Token): Digital certificate of authenticity for unique assets.
- Node: A computer participating in the blockchain network, validating transactions.
- Smart Contract: Self-executing contract that runs when conditions are met.
- Token: Digital asset on blockchain representing utility, governance, or ownership.
- Decentralization: Distributing power and trust from central authority to network.

메타버스 용어 해설집 (가나다 순)

- 가상현실 (VR, Virtual Reality): 완전히 디지털로 만들어진 공간에 몰입하는 기술. VR 기기를 착용하면 실제와 유사한 환경을 경험할 수 있음.
- 거울세계 (Mirror World): 현실 세계를 그대로 복제한 디지털 공간. 구글 어스나 디지털 트윈 기술이 대표적 사례.
- 디지털 트윈 (Digital Twin): 현실의 사물이나 도시를 똑같이 디지털로 재현해 시뮬레이션하는 기술. 스마트시티, 제조업 관리 등에 활용됨.
- 라이프로깅 (Lifelogging): 우리의 일상, 건강, 위치, 활동을 기록해 데이터로 저장하는 것. 웨어러블 기기와 연결되어 발전.
- 메타버스 (Metaverse): 현실과 가상이 융합된 디지털 세계. 단순한 가상현실을 넘어 사회, 경제, 문화가 펼쳐지는 '제2의 현실'.
- 아바타 (Avatar): 메타버스 속에서 나를 대신해 활동하는 디지털 분신. 나의 정체성을 표현하는 수단.
- 증강현실 (AR, Augmented Reality): 현실에 디지털 이미지를 겹쳐 보여주는 기술. 포켓몬 고 같은 게임이 대표적.
- 혼합현실 (MR, Mixed Reality): AR과 VR을 결합해 현실과 가상의 경계를 자유롭게 오가는 기술. 홀로렌즈(HoloLens) 같은 기기가 활용.

Metaverse Glossary (Alphabetical Order)

- AR (Augmented Reality): Technology overlaying digital images on the real world (e.g., Pokémon Go).
- Avatar: A user's digital persona or representation within the metaverse.
- Digital Twin: Virtual replica of real-world objects, cities, or systems for simulation.
- Lifelogging: Recording and storing personal daily data (health, location, activities).
- Metaverse: A collective digital universe merging real and virtual worlds, where people live, work, and interact.
- Mirror World: Digital duplication of the physical world (e.g., Google Earth, smart city models).
- MR (Mixed Reality): Blending AR and VR to enable real and virtual interaction.
- VR (Virtual Reality): Fully immersive digital environments using headsets.

Web3.0 용어 해설집 (가나다 순)

- dApp (Decentralized Application, 분산 애플리케이션): 중앙 서버 없이 블록체인 위에서 구동되는 앱. 예: 메타마스크, 유니스왑.
- DAO (Decentralized Autonomous Organization, 탈중앙화 자율조직): 중앙 경영자가 없는 조직. 스마트 계약과 커뮤니티 투표로 운영.

- DeFi (Decentralized Finance, 탈중앙화 금융): 은행 없는 은행. 블록체인 기반으로 대출, 예금, 보험 등 금융 서비스 실행.
- Gas Fee (가스 수수료): 이더리움 같은 블록체인에서 거래나 계약 실행 시 지불해야 하는 수수료.
- NFT (Non-Fungible Token, 대체 불가능 토큰): 디지털 자산의 소유권 증명서. 예술품, 게임 아이템 등에 활용.
- PoS (Proof of Stake, 지분증명): 블록체인 합의 방식의 하나. 많은 코인을 보유한 사람이 검증자로 참여.
- PoW (Proof of Work, 작업증명): 채굴자가 복잡한 계산을 통해 블록을 만들고 보상받는 합의 방식.
- Smart Contract (스마트 계약): 조건 충족 시 자동 실행되는 프로그램. 계약의 중개자가 필요 없음.
- Token Economy (토큰 경제): 토큰을 발행해 커뮤니티 참여와 보상을 설계하는 경제 구조.
- Wallet (지갑): 암호화폐와 NFT를 저장·관리하는 디지털 지갑. 메타마스크 등이 대표적.
- Web1.0: 읽기만 가능한 인터넷. 1990년대 초 정보 소비 중심 웹.
- Web2.0: 참여·공유의 인터넷. SNS, 플랫폼 중심 구조. 데이터는 기업이 소유.
- Web3.0: 사용자가 데이터·자산·신원을 직접 소유하는 분산 인터넷. 블록체인 기반.

Web3.0 Glossary (Alphabetical Order)

- dApp (Decentralized Application): Application running on blockchain without a central server.
- DAO (Decentralized Autonomous Organization): Organization run by code and votes, not by a central authority.
- DeFi (Decentralized Finance): Bankless finance powered by blockchain.
- Gas Fee: Transaction fee paid to execute operations on blockchains like Ethereum.
- NFT (Non-Fungible Token): Digital certificate proving ownership of unique assets.
- PoS (Proof of Stake): Consensus method where validators are chosen based on coin holdings.
- PoW (Proof of Work): Consensus method using computational work (mining) to validate blocks.
- Smart Contract: Self-executing contract on blockchain.
- Token Economy: Economic system designed with tokens to incentivize participation.
- Wallet: Digital wallet for cryptocurrencies and NFTs (e.g., MetaMask).
- Web1.0: Read-only web, early stage of the internet.
- Web2.0: Read-and-write web, platform-centered, user data controlled by companies.
- Web3.0: Decentralized internet where users own their data, assets, and identity.

	암호화폐 (Cryptocurrency)	코인 (Coin)	토큰 (Token)	NFT (대체불가능토큰 금)
정의	블록체인 기반의 디지털 화폐 전체 개념	독립 블록체인에서 발행되는 네이티브 화폐	기존 블록체인 위에서 발행되는 디지털 자산	고유성과 소유권을 증명하는 대체불가능 자산
기반	블록체인 기술 전반	자체 블록체인 (예: 비트코인, 이더율)	타 블록체인 플랫폼 (예: ERC-20, BEP-20)	블록체인 (예: ERC-721, ERC-1155)
대표 예시	블록체인 기술 전반	BTC, ETH, ADA 등	USDT, UNI, AAVE 등	디지털 아트, 게임 아이템, 메타버스 토지
가치 성격	화폐적 기능 (교환·저장·거래)	네트워크 운영· 결제 수단	서비스·투표· 유틸리티·증권 기능	희소성· 소유권·진위성
주요 활용	금융 투자·결제	대체 가능	디파이, 콘텐츠 서비스, 거버넌스	대체 불가능
특징 키워드	디지털 화폐, 블록체인 경제	네이티브 화폐 탈중앙 네트워크	유틸리티, 증권, 스테이블코인	희소성, 디지털 소유권 메타버스

블록체인 경제의 미래

초판 1쇄 인쇄 | 2025년 10월 10일
초판 1쇄 발행 | 2025년 10월 24일

지은이 | 현용수
펴낸이 | 최병윤
함께하는이 | UNI세계포럼위원회/한효정/양영숙/이관민/정영균, 그리고 NFG, Inc.
펴낸곳 | 행복한마음
출판등록 | 제10-2415호 (2002. 7. 10)

주소 | 서울시 마포구 성미산로2길 33, 202호
전화 | (02) 334-9107
팩스 | (02) 334-9108
이메일 | bookmind@naver.com

ⓒ 2025, 현용수
ISBN 978-89-91705-59-3 03320

* 이 책의 전부 또는 일부 내용을 재사용하려면 사전에 저작권자와
  행복한마음의 동의를 받아야 합니다.

* 책값은 뒤표지에 표기되어 있습니다.
* 잘못 만들어진 책은 구입처에서 교환해 드립니다.
* 이 책엔 MBC1961, KoPubWorld 서체를 사용했습니다.